Brad Jersak

Den Aussätzigen küssen

Jesusbegegnungen, die wir nicht länger verpassen sollten

ISBN 978-3-940188-08-3
Best.-Nr. 147408

Umschlaggestaltung: joussenkarliczek, D-Schorndorf (unter Verwendung
eines Coverfotos von photocase.com, © jbkfotos/Jakob Brunken)
Satz: Jens Wirth
Druck: Schönbach-Druck, D-Erzhausen
Printed in the EC

Über unser umfangreiches Lieferprogramm an Büchern, Musik usw.
informieren wir Sie gern kostenlos. Bitte besuchen Sie unsere Internetseite
(www.asaph.net) oder schreiben Sie an:

ASAPH, D-58478 Lüdenscheid, E-Mail: asaph@asaph.net

Dieses Buch ist

RODNEY JERSAK

gewidmet, meinem Bruder und Freund.
Rodney ist Gründer und Leiter des
House of Hesed,
eines Übergangsheims für HIV/Aids-Infizierte.

„Er hat dem Elenden und dem Armen zum Recht verholfen,
darum ging es ihm gut. Heißt *das* nicht, mich erkennen?"

Jeremia 22,16

Inhalt

Vorwort von Eugene Peterson: Jesus-Sichtungen.............11

Einführung: Vom Segen, tiefer hinzuschauen...................15

Vorwort: Den Aussätzigen küssen 21

Teil 1: Jesus im Geringsten sehen....................27

1 Was ihr einem dieser Geringsten getan habt 29

2 Du kennst mich, Raymond...............................37

3 Herr Derherr...43

4 Jesus die Windeln wechseln.............................47

5 Adam 53

6 Eve 55

Teil 2: Den Geringsten Jesus sein 63

7 Did You Come Here To Play Jesus? 65

8 Franziskus, der Heiler 71

9 Engelsgewand 75

10 Jenni spielt Jesus.....................................77

11 Mercy 83

Teil 3: Jesus in den Geringsten begegnen 89

12 Trading My Sorrows 91

13 Die Hüter des Buches.....................................95

14 Kathy...105

15 Du musst mit dem Herzen denken 111

16 Cinder-Ella...115

17 Lilut...119

18 Erlaube dem armen Mann, dich zu retten 125

Teil 4: Wie Jesus Gemeinschaft zulassen 135

19 Offener Tempel, offener Tisch 137

20 Eine leckere Parole 163

21 Streunende Hunde oder Königskinder? 169

22 Offene Arme, ein offenes Herz 175

Teil 5: Jesus auf dem schmalen Weg nachfolgen.........193

23 Enge Pforte, schmaler Weg.................................195

24 Die Feuerprobe – Interviews aus Burma 201

25 Christus: mein geliebter Feind............................215

26 Die Seligpreisungen:
eine Landkarte für den schmalen Weg..........................229

Nachwort: Das Leinentuch kommt wieder herab 237

Anhang: Eine Gemeinschaftsübung:
Öffne uns die Augen, Herr 241

Danksagungen...243

Mitarbeiter...245

Anmerkungen..247

Schönheit der Weihnacht: 2005

Eugene H. Peterson

Er hatte keine Gestalt und keine Pracht.
Und als wir ihn sahen, da hatte er kein Aussehen,
dass wir Gefallen an ihm gefunden hätten.

Jesaja 53,2

Nur ein Anflug. Ich schnüffelte –
ein Spürhund für Schönheit.
Monets Heuhaufen, van Goghs Sonnenblumen,
betrachtete andächtig Marilyns Brüste,
schaute dem Eisvogel nach – verlor den Duft.

Die Wunden des Aussätzigen küssen: Honig schmecken.
Die Augen des Blinden berühren: Braille lernen.
An der Wiege wachen: Windeln wechseln.
Tränen trinken aus dem Kelch: das Abendmahl leben.

Zufällig aufgelesen in der Gosse,
gefunden an einem Kreuz, aufgespürt unter einem Stein,
vernommen im flüsternden Gras, gehört von einer Zunge,
die Sabachthani stammelt.

Gefunden, als ich nicht suchte, vernommen,
als ich nicht hörte. Ich fand Schönheit.

Jesus-Sichtungen

Eugene Peterson

Ich bin Vogelbeobachter. Wenn ein anderer Hobby-Ornithologe seine Beobachtungen in einem Buch aufschreibt und über sein Entzücken berichtet, das er bei den vogelkundlichen Exkursionen durch Wälder, Felder und Moore empfindet, dann bestätigen sich meine eigenen Beobachtungen und meine Begeisterung wird vertieft. Besondere Freude bereitet es mir, wenn ich eine der scheuen und schwer zu Gesicht zu bekommenden Zwergdrosseln oder Sumpfgrasmücken entdecke.

Zudem bin ich Christ. Wenn ein anderer Christ seine Beobachtungen in einem Buch aufschreibt und über das Entzücken anlässlich seiner Jesus-Sichtungen berichtet, das er bei seinen Zügen durch Straßen, durch Heiligtümer und über Spielplätze empfindet, dann bestätigen sich meine Beobachtungen und meine Begeisterung wird vertieft. Besonders erfreuen mich Jesus-Sichtungen in Crack-Häusern und Rollstühlen, in Flüchtlingslagern und bei autistischen Kindern.

Brad Jersaks Buch ist eine Zusammenstellung von Aufzeichnungen über Jesus-Sichtungen unter Behinderten und Kindern, unter den Verlorenen und Armen. Er hat geschulte und unterscheidungsfähige Augen und Ohren, um Jesus unter „den Geringsten von diesen" zu erkennen, als denjenigen unter ihnen, der gespeist, willkommen geheißen und gekleidet werden soll, um den man sich kümmern und den man besuchen soll. Dies sind Zeugnisse aus erster Hand, eine erfrischende Darlegung der Geschichte Jesu von den Schafen und Ziegen (Matthäus 25) – mit einem Schwerpunkt auf jenen Schafen, die Jesus dienten, ohne dabei zu wissen, dass sie es mit ihm zu tun hatten. Diese Jesus-Sichtungen ereigneten sich unter Obdachlosen und Hungernden, Abhängigen und Prostituierten, unter Bisexuellen und Abgelehnten, bei solchen mit Down-Syndrom und den nicht Gesellschaftsfähigen.

Unsere nordamerikanische Kultur ehrt und feiert den Schönen, Reichen, Fähigen im Rampenlicht, und man stellt dabei sicher, dass die Aussätzigen und Lazarus schön außer Sicht- und *Riech*weite hinter der Bühne versteckt bleiben. Zu ihrer übergroßen Schande macht sich die Gemeinde mit dieser Kultur eins.

Nicht so Brad Jersak, einer der Pastoren der *Fresh Wind Christian Fellowship* in Abbotsford. Er macht mit Franz von Assisi gemeinsame Sache, mit ihm, der seine Jesusnachfolge damit antrat, dass er einen Aussätzigen im Italien seiner Tage küsste, mit Mutter Teresa, die damit anfing, sich um die obdachlos Sterbenden in Kalkutta zu kümmern, und mit Henri Nouwen, der seine letzten Jahre damit zubrachte, den Schwerstbehinderten in der *L'Arche Community* in Toronto Hirte zu sein.

Doch Pastor Jersak belässt es nicht dabei, sie zu verehren und über sie zu schreiben. Er *macht sich eins* mit ihnen: Er beschreibt seine Gemeinschaft als einen Ort, an dem er Christus innerhalb der Struktur der „vier Säulen" – den Behinderten, den Kindern, den Verlorenen und den Armen – das, was seine Gemeinde ausmacht, sehen und begegnen kann. Neben den lokalen Bezügen ist seine Darstellung mit weiteren Beschreibungen aus Afrika, Burma und Haiti versetzt, aus Toronto,

Edmonton und Winnipeg. Die Dinge geschahen und geschehen „nicht in einem Winkel" (Apostelgeschichte 26,26).

Es erweist sich, dass Jesu Geschichte von den Schafen und Ziegen weiterhin auf erfreuliche Art beschrieben wird, meistens allerdings im gesellschaftlichen Abseits, wo Jesus heute und immer schon am ehesten gesehen und gehört, berührt und gespeist wird.

Eugene H. Peterson
Prof. em. für Spirituelle Theologie
Regent College, Vancouver
April 2006

Einführung

Vom Segen, tiefer hinzuschauen

Andy MacPherson

Ein Heiliger übertreibt, was die Welt missachtet.

G. K. Chesterton

Als Kinder Gottes sind wir heilig. Und doch gibt es wiederum solche, die tiefer in die Wahrheiten Gottes eindringen und die dann von der Kirche als Heilige – mit großem „H" – angesehen werden, solche, die die Wahrheit ergreifen und ihr gemäß zu leben wagen. Sie sind Männer und Frauen, die vollends glauben, dass die Verheißungen Gottes den Niedrigen und Unterdrückten gelten, und darum mutig dafür einstehen, solche Menschen angesichts von großem Widerstand oder Gleichgültigkeit zu verteidigen. Manches Mal überhöhen wir sie in unseren Kirchen in einen mythischen Status, doch befürchte ich, dass wir sie dabei ihrer Menschlichkeit berauben, ihren Beitrag außerhalb unserer Reichweite rücken, hin in eine irgendwie göttliche Sphäre, in die ihnen niemand folgen kann. So nehmen wir ihren Segen für unser Leben in Anspruch, tragen ihr Bild vielleicht als Glücksbringer um den Hals – und leben so, als wäre der Weg, den sie gegangen sind, für uns Sterbliche unerreichbar.

Ich hege den Verdacht, dass die meisten Heiligen über eine derartige Behandlung entsetzt wären, denn kein Heiliger, der dieser Bezeichnung würdig wäre, ist je angetreten, ein solcher zu sein. Tatsächlich glaube ich, dass sie sich durch die Hingabe ihres Lebens an Gott erst wirklich selbst gefunden haben und es für ganz unangebracht halten würden, auf ein Podest der Selbsthingabe erhoben zu werden. Die Verheißungen Gottes an vergessenen Orten und bei vergessenen Menschen zum Leben erwachen sehen, das ist die Freude eines wahren Heiligen. Derartige Freude bedarf keiner weiteren Belohnung als der Erlaubnis, sie weiter erfahren zu dürfen. Und wirklich: Diese Freude steht jedem offen, denn zur Armut kann jeder hinabsteigen, doch nicht alle hinauf zum Reichtum. Ein wahrhaftiger, heiliger Weg ist ein solcher der Hoffnung für die ganze Menschheit, denn es ist ein nach unten weisender Weg, dem wir alle folgen können, wenn wir uns klein und niedrig genug machen, um uns durch das Nadelöhr der Bedeutungslosigkeit zu zwängen, hinein in die Vorhöfe Gottes, die mit seinen Schätzen angefüllt sind.

Mir wird nachgesagt, ich hätte eine Gabe der Liebe für geistig und körperlich behinderte Menschen. Nach dem Gottesdienst sagen mir Leute oft, wie sehr sie es genossen haben, mich unter ihnen umhergehen zu sehen, wie ich sie umarme und segne. Ich schätze derartige Ermutigung, doch finde ich das Lob auch etwas beschämend, denn der Segen, den ich zurückerhalte, wiegt das, was ich gebe, vielfach auf. Ich fühle mich wie ein Vampir, der wegen seiner Herzlichkeit ermutigt wird, während ich den Leuten eigentlich den Lebenssaft aussauge.

Joan ist so jemand. Sie ist eine geistig gehandicapte Freundin, die einen Montagmorgengottesdienst besuchte, den wir für Behinderte eingerichtet hatten. Durch eine Operation ihres Grauen Stars hatte sie gerade ihr Augenlicht wiedererlangt, und als ich mich vor ihr niederkniete, sie willkommen zu heißen, streckte sie sich zu mir aus, barg mein Gesicht in ihren Händen und betrachtete mich eingehend. Sprechen stellt für sie eine große Herausforderung dar, doch als sie so vor sich hinnuschelte und mir dabei in die Augen sah, meinte ich, in die Augen Jesu zu schauen und seine genuschelten Gebete zu hören. Sie sah mich zum ersten Mal. Wie wir uns so anstarrten, zwinkerte sie nicht einmal, so, als wenn das Anschauen meines Gesichts selbst für die kleinste Unterbrechung zu kostbar gewesen wäre. Ich wurde *angesehen* – und ich wusste es. Sie sah in mir nichts, was ihr hätte Grund geben können, sich von mir abzuwenden. Als sie dann abließ, mich mit ihren brandneuen Augen anzusehen, legte sie die Arme um mich und hielt mich lange Zeit. Ich empfand die Kraft ihrer Zuneigung als die Zuneigung Gottes zu mir. Das Begeisternde an diesem Zusammentreffen war, dass ich Joan heute zum ersten Mal begegnete … und umgehend setzte in mir eine Verwandlung ein. Staunend und ehrfürchtig schaute ich sie an, weil sie mich staunend und ehrfürchtig anschaute. Ich konnte sie nicht als Patientin ansehen, die meiner Fürsorge bedurfte, vielmehr meinte ich, den ganzen Tag zu ihren Füßen sitzen zu sollen, nachdem ich sie zuvor mit Öl gesalbt hatte. Mit solchen Augen des Angenommenseins betrachtet zu werden, fühlte sich so gut, so richtig an. Ich war nicht länger der „Segner", sondern der Gesegnete. Und trotzdem geht man davon aus, dass ich der bin, der dem Armen gibt. Was für eine geheimnisvolle Umkehr der Perspektive, als das Reich von nebenan durch Joan in meine Welt hereinbrach.

Alisa ist eine weitere sehr besondere Darstellung Gottes für mich in dieser Gemeinde. Sie ist eine schlaksige 1,80-Frau mit Down-Syndrom (eine nicht wirklich hilfreiche Bezeichnung). Häufig tritt sie von hinten an mich heran, tippt mir auf die Schulter und will mich umarmen. Wenn wir jemandem eine Umarmung zukommen lassen, ist das für die meisten von uns mit einer Vorbedingung verknüpft. Normalerweise bestimmt unser Verhältnis zu dem anderen die Art der Umarmung. Auch ist es ein Unterschied, ob ich einen Menschen desselben oder des anderen Geschlechts in den Arm nehme, besonders heute, wo sexueller Missbrauch solch ein Thema ist. Zudem spielt das Alter eine Rolle, ein Kind wird anders umarmt als etwa ein Kamerad auf dem Schlachtfeld. Leider sind dies notwendige Unterscheidungen, um die Würde und die Sicherheit des Menschen zu wahren. Doch Alisa hält sich bei der Bekundung ihrer Zuneigung nicht zurück. Obwohl ich sie eigentlich gar nicht so gut kenne, scheint es ihr große Befriedigung zu verschaffen, ihr Gesicht tief in meine Halsbeuge zu vergraben und so ziemlich lange zu verharren. Ganz nah und still steht sie da, die langen Arme um mich geschlungen, sicher wie ein Vögelchen in seinem daunengepolsterten Nest, wobei sie mir zuweilen ins Ohr brummt oder lacht. Sie scheint zu wissen, dass sie so nah bei mir in Sicherheit ist, und ich habe das Gefühl, dass es irgendwie unangemessen wäre, wenn ich sie von mir lösen würde. Zu wissen, dass sie sich sicher genug fühlt, um sich ganz furchtlos an mich zu kuscheln, ist mir ein Segen. Ich empfinde, als sei mir etwas ganz Wertvolles zum Schutz und eine ganz besondere Aufgabe anvertraut worden. Vielleicht empfindet Gott auf die gleiche Weise, wenn wir uns an ihn schmiegen.

Robert ist ein weiterer, zwar weniger herzlicher, doch gleichwohl kraftvoller Verbündeter bei dem mühsamen Unterfangen, die üblichen Maßstäbe aus meinen Augen zu verbannen. Er ist einer derer, mit denen ich in einer Langzeitbetreuung arbeite. Es ist ihm nicht möglich, mich besonders liebevoll zu behandeln. Sein Leben stellt sich als eine sehr gequälte Existenz dar, es scheint, als ob er deshalb auch mit sich selbst nicht sehr freundlich umgehen kann. Wenn er ärgerlich ist, malträtiert er sich häufig selbst, um seinen Bedarf an Sinneswahrnehmungen zu decken und seinem Unmut Ausdruck zu verleihen. Dazu gehört, dass er sich in Arme und Beine beißt, die dann häufig blutig und schrundig sind, und sich selbst schlägt. So etwas zu beobachten ist nicht einfach, und manches Mal bringt es mich zur Verzweiflung. Ich werde dann sehr wütend über seinen elenden Zustand und die Tatsache, dass ich nichts dagegen tun kann. Nach Jahren der Selbstverletzung ist Roberts Haut an Armen und Beinen dick und ledrig geworden, und weil er gerne an seinen Fingern saugt, um sich zu besänftigen, ist es nicht sehr angenehm, in seiner Nähe zu sein. Und doch: Wenn ich zulasse, dass mich das Mitleid ergreift und ich ihm nahe komme, versetzen mich Roberts Hände oftmals in Erstaunen. Es passiert nicht oft, dass er seine Hände in meine legt, aber wenn er sie dort belässt, sehe ich manchmal etwas Wunderbares. Kennen Sie diese 3-D-Bilder, die man eine Weile konzentriert anstarren muss, bis sich das Gehirn orientiert hat und das Bild aus der Seite hervorsteigt? Wenn ich Roberts Hände richtig in den Blick nehme, dann sehe ich, dass sie das Bild Gottes in sich tragen. In seinen knotigen, gebrochenen Händen, den selbst verwundeten und geschundenen Händen, Händen, die durch tiefe Ängste wie verwittert wirken, in den Händen, die wegen der Tröstung mit dem eigenen Mund feucht sind, sehe ich die Hände Christi – Hände, welche die Kosten der Liebe nicht gescheut haben, Hände, die auch vor Beißen und Verbrennen nicht zurückzucken.

In diesen seltenen Momenten, in denen ich meiner Vorstellungskraft genügend Ruhe gönne, um hinter das Offensichtliche zu sehen, merke ich, dass meine Welt sich ändert. Sie wandelt sich, denn wenn ich in Robert das Bild Gottes erkenne, dann ist es mir nicht mehr länger möglich, ihn gemäß meiner hohlen Vorurteile, Ängste und Wertmaßstäbe zu beurteilen. Wenn ich ihn anders sehe, sehe ich alles anders. Wenn nämlich Gott in derart einfachen Händen zu finden ist, dann ist er überall zu finden, selbst in den Händen derer, die ich als meine Feinde betrachte. Und vielleicht kann ich sein wunderbares Bild irgendwann selbst in mir erkennen, in meinen eigenen Händen und in meiner eigenen verkorksten Art, mit der ich mich so weit von Gott entfernt halte.

Die Sache bei Joan, Alisa und Robert – und bei all den anderen beeinträchtigten Menschen rund um mich – ist, dass sie mich bloßstellen. Das hört sich negativ an, und das ist es tatsächlich, nämlich dann, wenn sie meine Gleichgültigkeit, meine Ungeduld, meinen Ärger und meine Angst offenbar machen. Aber sie zeigen mir zugleich, wer ich eigentlich bin. Sie bringen Dinge in mir ans Licht, die ich wirklich mag. Sie ermöglichen mir, ich selbst zu sein … der, der ich wirklich bin. Mit ihnen bin ich frei. Nie reagieren sie auf mich mit Verurteilung, Hass oder Furcht. Selbst in seinen Qualen schlägt Robert selten nach mir aus. Sein Schmerz richtet sich fast nur nach innen. Dass sie gütig sind, macht mich auch gütig, und ich merke, dass ich mich in ihrer Gegenwart mehr mag … insbesondere wenn ich in der Freiheit ihrer anscheinend umgehend und wie selbstverständlich gewährten Vergebung lebe. Ihre heilige Aufgabe ist es, das Heilige in mir hervorzubringen. Aber das sollen natürlich alle Heiligen tun – egal ob mit kleinem oder großem „H".

Ich bin überzeugt, dass meine gehandicapten Freunde nur die Spitze des Eisbergs sind, wenn es darum geht, hinter das Offensichtliche zu blicken. In ihnen verbirgt sich die Verheißung Gottes, er werde in rissigen, irdenen Gefäßen wohnen. Durch ihre Fähigkeit, authentisch in ihrer zerbrochenen Existenz zu leben, ergießt sich der „Jesus in ihnen" viel leichter in ihr Umfeld als bei denen von uns, die ihren Schmerz verbergen können und wollen. In vieler Hinsicht halte ich diese Menschen für die Hoffnung auf Heilung von uns „Normalen". Denn in derselben Weise, wie wir Gott sich in ihrer Schwachheit manifestieren sehen, können wir erkennen, wie er seine Kraft in unserer jeweiligen Schwachheit zur Wirkung kommen lässt. Ich kann Gott in diesen Menschen sehen, weil sie mich nah genug an sich heranlassen, um *ihn* in ihnen sehen und spüren zu können. Ich hege die Hoffnung, dass wir unsere geistliche Sicht ausreichend entwickeln können, um einander in gleicher Weise zu sehen. Und ich bete, dass die Gemeinde die, die ganz nah an uns heranzurücken wagen, als kostbare Träger des Ebenbildes Gottes erkennt; ich bete um Augen, die Christus in den Geringsten sehen.

Den Aussätzigen küssen

Brad Jersak

There's somethin' wrong with the world today
I don't know what it is
Something's wrong with our eyes

We're seeing things in a different way
And God knows it ain't His
It sure ain't no surprise

Aerosmith

Der Herr verlieh mir, Bruder Franz, den Anfang des neuen Weges auf folgende Weise: Als ich in Sünden lebte, kam es mir sehr bitter an, Aussätzige zu sehen. Aber der Herr selbst führte mich unter sie, und ich erwies ihnen Barmherzigkeit. Als ich von ihnen ging, ward mir dasjenige, was mir vorher bitter vorgekommen war, in Süßigkeit für den Geschmack des Leibes und der Seele verwandelt. Nachher zögerte ich noch ein wenig, dann verließ ich die Welt. (Aus dem Testament des Franz von Assisi)

In diesem Buch geht es darum, Augen zu haben, die sehen. Jesus wies uns einmal an: „Kauft von mir Augensalbe, damit ihr sehen könnt – wirklich sehen!" (nach Offb. 3,18). *Den Aussätzigen küssen* handelt davon, wie unsere Augen von religiös und kulturell bedingten Vorurteilen geheilt werden können, damit wir Jesus in anderen sehen können, besonders in jenen, die in unserer Welt als „die Geringsten" ausgemustert werden. Der Titel des Buchs lehnt sich an einer Begegnung mit Christus an, die Franz von Assisi in einem Aussätzigen erlebte (die Geschichte erzähle ich später noch). In dem Moment wurde es seinen Augen möglich, Jesus unter denen zu sehen und zu sein, die üblicherweise von Gottes Festtafel ausgeschlossen wurden. Wenn wir uns von denen abwenden, die wir für zu sündig, zu kaputt, zu gering oder zu arm halten, verweisen wir in gewisser Weise Jesus selbst aus unserer Mitte (wie wir noch in Matthäus 25, dem Schlüsseltext für dieses Buch, sehen werden; siehe aber auch 1. Johannes 3,16-17). Wenn wir hingegen die, welche von der Gesellschaft und der Gemeinde verstoßen wurden, willkommen heißen, dann heißen wir auch Jesus willkommen, egal, ob wir ihn erkennen oder nicht. Die Umkehr des Franz von Assisi wurde herbeigeführt, indem er in dem verfaulenden Körper des Aussätzigen den zerbrochenen Leib *von Jesus sah*.

Zudem wurde Franz, als er den Aussätzigen küsste, für *ihn zu Jesus*. In der Sprache des Paulus: Die Liebe Christi drängte ihn, sowohl die Liebe Christi in ihm als auch Franz' eigene Liebe zu Christus. Franz diente und liebte, und doch war es Christi Dienst und Liebe zu dem Aussätzigen durch ihn.

Und schließlich ging es Franz so wie dem Aussätzigen: Indem er Jesus in „einem der Geringsten" begegnete, wurde er selbst verwandelt. Die Liebe Gottes streckt sich nach uns aus und erreicht uns häufig durch überraschende Boten; unsere Vorurteile werden angegriffen, indem uns moderne Aussätzige und Samariter besuchen, solche, die wir als die Geringsten und die Verlorenen betrachten. Sind wir bereit für solche Heimsuchungen?

Bitte beachten! Die Menschen in diesem Buch sind *keine* Aussätzigen. In Gottes Augen handelt es sich bei ihnen *nicht* um die Geringsten, *nicht* um die Verlorenen. Doch die Welt – und viel zu oft auch die Gemeinde – behandelt sie als solche. Wir brauchen Gottes Augen, um sie so zu sehen, wie er es tut. So werde ich auch Begriffe wie „behindert", „arm" oder „bisexuell" nur vorläufig benutzen, um diese herabwürdigenden Etikettierungen schließlich zu beseitigen. Erst wenn wir diese an den Rand gedrängten Menschen mit Namen kennen und sie lieben, werden wir anfangen, sie so zu sehen und zu kennen, wie es Jesus tut.

Dieses Vorwort schließt mit drei Versionen der Geschichte des Franz von Assisi, wobei jede andere wichtige Facetten dieser Begegnung aufzeigt. Zusammengenommen schaffen sie die Voraussetzungen für derartige Begegnungen in unserem eigenen Leben.

I.

Der Mann, den wir heute als den Heiligen Franziskus kennen, ritt eines Tages durch das Tal auf Assisi zu und näherte sich einem Spital für Aussätzige; dort hatte er schon oft Halt gemacht, um Geld für Bedürftige abzugeben. In seinem Herzen empfand er großes Mitleid für diese Erbarmungswürdigen, die unter der schlimmsten aller Krankheiten litten, und er dachte: „Heute werde ich hineingehen und ihnen etwas da lassen." Draußen, an der Mauer vor dem Tor des Spitals, kauerte einer der Leprösen in der Sonne und bat die Passanten um ein Almosen. Der arme Mann war mit Geschwüren bedeckt, ihn anzuschauen verursachte Abscheu. Als er in Sichtweite kam, verspürte Franziskus ein unerträgliches Gefühl von Ekel und Entsetzen. Hastig riss er sich den Geldbeutel vom Gürtel, warf ihn dem Aussätzigen hin und ritt dann, so schnell ihn sein Pferd tragen konnte, davon, nur darauf bedacht, das Gesicht, das zu ihm aufgeschaut hatte, zu vergessen. Plötzlich durchzuckte es ihn wie ein Pfeil: „Auch dieser Mann ist mein Bruder! Und ich habe ihn verachtet." Der Reiter ließ die Zügel locker und das Pferd trabte langsam den holprigen Weg zwischen den Olivenbäumen entlang. Franziskus war beschämt und enttäuscht. Er sprach zu sich selbst: „Mein Geldbeutel war eine Kränkung, denn ich gab ohne Liebe, mehr mit Verachtung denn mit Erbarmen."

Die Frühlingssonne stand hoch und brannte heiß, der Himmel war wolkenlos, kein Schatten lag über der weiten, kahlen Höhe von Monte Subasio. An einem Brunnen am Straßenrand wuschen Frauen die Wäsche. Sie sangen während der Arbeit, und am Ende des langen Waschtrogs schrien und lachten Kinder, tauchten ihre kleinen Hände ins Wasser und bespritzten sich fröhlich. Im Glanz der Sonne erschien alle Welt heiter, und im Vergleich dazu wirkte das Elend des Aussätzigen um so größer. Als Hufschlag hörbar wurde, legte sich der Gesang und das Lachen und jedermann wandte sich dem Neuankömmling zu, doch zum Erstaunen aller machte der Reiter kehrt und der Klang der Hufe entschwand in die Richtung, aus der er gekommen war. „Wer ist das?", fragte eine Frau die andere. „Nur der junge Bernadone, der Sohn des Kaufmanns", lautete die Antwort. „Man sagt, er sei verrückt geworden." Da mischte sich eine alte, verkrümmte Frau ein: „Verrückt oder nicht, er hat ein gütiges Herz. Sein Gold war es, das meinen Giovanni letzten Winter am Leben erhielt. Ich wünschte mir, noch mehr von den reichen Leuten würden verrückt wie er."

Franziskus bekam von dem nichts mit. Er preschte durch das Tal auf das kleine Spital zu. Er war keine zehn Minuten weg gewesen, der Aussätzige, der sich gerade von der Überraschung über die großzügige Gabe erholt hatte, kroch mit seinem Schatz auf das Tor zu. Er bewegte sich langsam, wie unter Schmerzen. Franziskus sprang vom Pferd, kniete sich in den Straßenstaub, führte die Hand des Aussätzigen an seine Lippen und küsste sie, so, wie man ihn gelehrt hatte, die Hand eines Bischofs oder Prinzen zu küssen. Wahrscheinlich war der Aussätzige ähnlich verwundert, wie es der Bettler angesichts des Petrus an der Pforte des Tempels gewesen war, doch Franziskus Bernadone war nicht verrückt. Durch sein Versagen und seine Scham hatte er vielmehr eine Lektion gelernt, die manche Menschen nie lernen: „Wenn ich all meine Habe zur Speisung der Armen austeile, aber keine Liebe habe, so ist es nichts wert." Angefangen von dem Frühlingsmorgen, dort am Tor des Aussätzigenspitals, bis zu seinem Tod hat Franz von Assisi niemals mehr einen Mann getroffen, der zu verdreckt, zu ekelhaft oder gar zu böse war, um nicht von ihm geliebt zu werden.[1]

II.

Unter all den schlimmen Nöten dieser Welt hatte Franziskus eine besondere angeborene Abscheu vor Lepra, und eines Tages ritt er in der Gegend von Assisi, wo er am Straßenrand einen Aussätzigen traf. Zwar war er entsetzt und begehrte auf, doch wollte er Gottes Gebot nicht missachten und das Sakrament seines Wortes nicht brechen, also stieg er vom Pferd und lief auf ihn zu, um ihn zu küssen. Als der Aussätzige seine Hand ausstreckte, um etwas zu empfangen, gab Franziskus ihm sowohl Geld als auch einen Kuss. Umgehend bestieg er wieder sein Pferd, und obwohl die Gegend weit und offen war, ohne jegliche Sichtbehinderung, konnte er den Aussätzigen, als er sich nach ihm umsah, nirgends mehr erblicken. Voller Freude und Staunen über diese Begebenheit suchte Franziskus in den folgenden Tagen ganz bewusst ähnliche Dinge zu tun. Er machte sich zu den Häusern der Aussätzigen auf und gab ihnen neben Geld auch einen Kuss auf Hand und Mund. Auf diese Weise nahm er das Bittere als süß an (Spr. 27,7) und bereitete so mutig den Weg für alles Weitere, was er noch tun sollte.[2]

III.

Von da an kleidete sich Franziskus mit einem Geist der Armut und Bescheidenheit und bemühte sich eifrig um innige Frömmigkeit. Früher hatte ihn nicht nur die Begegnung mit Aussätzigen entsetzt, es reichte schon, sie von Ferne zu sehen, Doch weil Christus gekreuzigt war, er, der gemäß dem Propheten wie ein Aussätziger verabscheut wurde (Jes. 53,3), handelte Franziskus nun voller Demut und Menschlichkeit, liebevoll und fromm, an Leprakranken, um sich selbst völlig zu entsagen.[3]

Franziskus – eine Zusammenfassung

Franziskus kultivierte eine mystische und zutiefst persönliche Beziehung mit Jesus Christus. Diese Beziehung war so profund, dass er in den letzten drei Lebensjahren die Zeichen des gekreuzigten Jesus, die Stigmata, an seinem eigenen Körper trug. Ja, er war der erste Mensch in der christlichen Geschichte überhaupt, der diese außergewöhnliche Gabe empfing. Wenn er nun also mit seinen Mitmenschen umging, tat er das mit den Augen und dem Herzen Jesu. Als er jenen Aussätzigen auf der Straße nahe Assisi küsste, küsste er nicht nur einen abscheulich anzusehenden Aussätzigen, sondern auch Jesus selbst in dem Aussätzigen. Für Franziskus war Jesus in jedem Menschen gegenwärtig, aber besonders in den Armen und Ausgestoßenen.[4]

Teil 1

Jesus im Geringsten sehen

Über die christliche Liebe

„Gott ist die Liebe, und wer in der Liebe bleibt, bleibt in Gott, und Gott bleibt in ihm" (1. Joh. 4,16). In diesen Worten aus dem Ersten Johannesbrief ist die Mitte des christlichen Glaubens, das christliche Gottesbild und auch das daraus folgende Bild des Menschen und seines Weges in einzigartiger Klarheit ausgesprochen. Außerdem gibt uns Johannes in demselben Vers auch sozusagen eine Formel der christlichen Existenz: „Wir haben die Liebe erkannt, die Gott zu uns hat, und ihr geglaubt" (vgl. 4,16).

Wir haben der Liebe geglaubt: So kann der Christ den Grundentscheid seines Lebens ausdrücken. Am Anfang des Christseins steht nicht ein ethischer Entschluss oder eine große Idee, sondern die Begegnung mit einem Ereignis, mit einer Person, die unserem Leben einen neuen Horizont und damit seine entscheidende Richtung gibt …

So wird Nächstenliebe in dem von der Bibel, von Jesus verkündigten Sinn möglich. Sie besteht ja darin, dass ich auch den Mitmenschen, den ich zunächst gar nicht mag oder nicht einmal kenne, von Gott her liebe. Das ist nur möglich aus der inneren Begegnung mit Gott heraus, die Willensgemeinschaft geworden ist und bis ins Gefühl hineinreicht. Dann lerne ich, diesen anderen nicht mehr bloß mit meinen Augen und Gefühlen anzusehen, sondern aus der Perspektive Jesu Christi heraus. Sein Freund ist mein Freund …

Ich sehe mit Christus und kann dem anderen mehr geben als die äußerlich notwendigen Dinge: den Blick der Liebe, den er braucht …

Das Programm des Christen – das Programm des barmherzigen Samariters, das Programm Jesu – ist das „sehende Herz". Dieses Herz sieht, wo Liebe nottut, und handelt danach. (Papst Benedikt XVI.)[1]

1

Was ihr einem dieser Geringsten getan habt ...

Brad Jersak

Das Gericht über die Schafe und die Ziegen

Doch wenn der Menschensohn in Herrlichkeit wiederkommt, und alle Engel mit ihm, wird er auf seinem Thron der Herrlichkeit sitzen. Alle Völker werden vor ihm zusammengerufen, und er wird sie trennen, so wie ein Hirte die Schafe von den Ziegen trennt. Die Schafe wird er zu seiner Rechten hinstellen, die Ziegen zu seiner Linken. Dann wird der König zu denen auf seiner rechten Seite sagen: „Kommt, ihr seid von meinem Vater gesegnet, ihr sollt das Reich Gottes erben, das seit der Erschaffung der Welt auf euch wartet. Denn ich war hungrig, und ihr habt mir zu essen gegeben. Ich war durstig, und ihr gabt mir zu trinken. Ich war ein Fremder, und ihr habt mich in euer Haus eingeladen. Ich war nackt, und ihr habt mich gekleidet. Ich war krank, und ihr habt mich gepflegt. Ich war im Gefängnis, und ihr habt mich besucht."
Dann werden diese Gerechten fragen: „Herr, wann haben wir dich jemals hungrig gesehen und dir zu essen gegeben? Wann sahen wir dich durstig und haben dir zu trinken gegeben? Wann warst du ein Fremder und wir haben dir Gastfreundschaft erwiesen? Oder wann warst du nackt und wir haben dich gekleidet? Wann haben wir dich je krank oder im Gefängnis gesehen und haben dich besucht?" Und der König wird ihnen entgegnen: „Ich versichere euch: Was ihr für

einen der Geringsten meiner Brüder und Schwestern getan
habt, das habt ihr für mich getan!"
Und dann wird sich der König denen auf seiner linken Seite
zuwenden und sagen: „Fort mit euch, ihr Verfluchten, ins
ewige Feuer, das für den Teufel und seine bösen Geister
bestimmt ist! Denn ich war hungrig, und ihr habt mir nichts
zu essen gegeben. Ich war durstig, und ihr gabt mir nichts
zu trinken. Ich war ein Fremder, und ihr habt mich nicht in
euer Haus eingeladen. Ich war nackt, und ihr habt mich nicht
gekleidet. Ich war krank, und ihr habt mich nicht gepflegt. Ich
war im Gefängnis, und ihr habt mich nicht besucht."
Dann werden sie fragen: „Herr, wann haben wir dich jemals
hungrig oder durstig oder als Fremden, nackt, krank oder
im Gefängnis gesehen und dir nicht geholfen?" Und er wird
ihnen erwidern: „Ich versichere euch: Was ihr bei einem der
Geringsten meiner Brüder und Schwestern unterlassen habt,
das habt ihr an mir unterlassen!" Und sie werden der ewigen
Verdammnis übergeben werden, den Gerechten aber wird
das ewige Leben geschenkt."

Matthäus 25,31–46 NL

Das Rätsel und die Schwierigkeit der einzigen Beschreibung des Gerichtsstags, die Jesus uns gibt, dreht sich um zwei
Fragenkomplexe, die möglicherweise unsere Sichtweise von
Gott, der Menschheit und der Art und Weise, wie wir leben,
verändern können.

Fragenkategorie 1: *Wie sehen wir Jesus in anderen? Warum
gerade in den Geringsten von uns? Wie kann es möglich sein,
Jesus selbst im sogenannten „Nichtgläubigen" zu sehen? Wer
ist mit „diese meine Brüder" gemeint?*

Üblicherweise begründen wir das Erkennen Jesu im anderen mit dem Bilde Gottes. In 1. Mose 1,26 sagt Gott: „Lasst
uns Menschen machen in unserm Bild, uns ähnlich." Egal, was
dieses „Bild Gottes" tatsächlich ist, und unabhängig davon,
wie es durch unseren Fall in Eden beeinträchtigt wurde, stimmen die meisten Christen der Ansicht zu, dass das Bild Gottes

in *jedem* Menschen Bestand hat und dass ihm das einen ganz spezifischen Wert und Würde verleiht. Auf dieser Grundlage können Sie Christus in jedermann sehen, eben weil er das Bild des unsichtbaren Gottes ist (Kol. 1,15). Das ist eine gute, die übliche theologische Antwort.

Ganz ähnlich scheint der Prolog zum Evangelium des Johannes nahezulegen, dass das Licht Christi für jeden reichlich gegeben wurde und in jedem scheint: „Das war das wahrhaftige Licht, das in die Welt kommend, jeden Menschen erleuchtet" (Jh. 1,9).

Doch während ich Gott in dieser Sache im Gebet bedrängte, meinte ich, eine weiterführende Wahrheit geoffenbart bekommen zu haben, eine, die klarmacht, warum wir ausdrücklich Jesus Christus – und nicht nur etwas irgendwie „Gottähnliches" – in jedem Menschen erkennen können. Das umfasst auch den Nichtgläubigen und (ganz besonders) den Armen und Zerbrochenen. Ich spürte, wie Gott mir etwas sagte wie:

> „Du kannst mich in allen Menschen erkennen – nicht, weil sie Christen werden, sondern weil ich menschlich wurde, ich wurde *Mensch*." (Siehe auch Römer 5, wo Christus als der *zweite Adam* beschrieben wird.)
>
> „Als das Wort Fleisch wurde, identifizierte ich mich mit jedem Mann, jeder Frau und jedem Kind auf dieser Erde – und ganz besonders mit den Leiden der Geringsten unter diesen. Sie sind meine kleinen Brüder und Schwestern, nicht aufgrund ihres Glaubens oder Bekenntnisses, sondern wegen meines Menschseins.
>
> Am Kreuz, in mit-leidender Liebe, identifizierte ich mich in jeglicher Weise mit ihnen. Und nun lade ich sie ein, ihrerseits zum Kreuz zu kommen und sich entsprechend mit mir zu identifizieren, insbesondere mit meiner Liebe. Diese Liebe sieht aus wie in Matthäus 25 beschrieben."

Das ist das Wesentliche der Inkarnation und die Bedeutung des Kreuzes (das, was wir „Versöhnung" nennen, also die Art und Weise, wie das Kreuz uns rettet). Christus entäußerte sich selbst, machte sich all das zu eigen, was uns ausmacht – Prüfungen und Versuchungen, Armut, Leiden und Tod –, um sich mit uns zu identifizieren und einer von uns zu werden. Indem er sich selbst der ganzen Menschheit gab, lädt er uns ein, uns im Gegenzug mit ihm zu identifizieren, indem wir a) unsere Schuld, unsere Schande und unser Ego am Kreuz in den Tod geben und b) Ja sagen zu seinem Ruf in ein neues Leben, das aus Gottes Liebe und Gnade seine Kraft erhält.

Eine derart weitreichende, aufopfernde Liebe legt nahe, dass der Herr von uns erwartet, jedermann, besonders die Geringen, mit einer solchen Fürsorge und Respekt zu behandeln, die wir für Christus selbst haben würden. Gott wertschätzt sie – ja, er lebt mit ihnen – auf besondere Weise. Wie Gott schon durch den Propheten Jesaja sagte:

> In der Höhe und im Heiligen wohne ich und bei dem, der zerschlagenen und gebeugten Geistes ist, um zu beleben den Geist der Gebeugten und zu beleben das Herz der Zerschlagenen (Jes. 57,15).

Indem er unser Menschsein annahm, sehen wir, wie Christus diese Verheißung erfüllte, in und inmitten aller Menschen zu sein – und dabei insbesondere denen nahe zu sein, die am ehesten übersehen und abgelehnt werden.

Fragenkategorie 2: *Wie kann es sein, dass die von Jesus in Matthäus aufgestellten Kriterien zum Eingang in das Reich eher auf Mitleid denn auf Glauben abzustellen scheinen? Das Urteil scheint eher darauf zu basieren, wie wir ihn in den Geringsten behandeln, als darauf, einfach an ihn zu glauben (Jh. 3,16), „aus Gnade durch Glauben, ... nicht aus Werken" (Eph. 2,8).*

Predigt Jesus eine „Botschaft der Werke", was auf eine Errettung durch unsere eigenen Anstrengungen hinausläuft?

Tatsächlich geht Matthäus 25 über das alte „Werke-kontra-Gnade"-Denken hinaus, indem es etwas nahelegt, was jenseits eines solchen Entweder-oder liegt.

Zunächst einmal müssen wir bekräftigen, dass der Zugang in das Reich Gottes nicht über die Werkgerechtigkeit erlangt wird oder über den Versuch, gut genug zu sein für Gott. Nach Paulus' Darstellung ist Gesetzestreue oder Gutestun nicht ausschlaggebend (Galater 3). Er sagt: „Aus Gnade seid ihr errettet durch Glauben – und das nicht aus euch, Gottes Gabe ist es; nicht aus Werken, damit niemand sich rühme" (Eph. 2,8-9).

Und auch Jesus warnt davor, uns auf die Kerben zu verlassen, die wir in unsere geistlichen Gürtel geritzt haben:

> Viele werden an jenem Tag zu mir sagen: „Herr, Herr! Haben wir nicht durch deinen Namen geweissagt und durch deinen Namen Dämonen ausgetrieben und durch deinen Namen Wunderwerke getan?" Und dann werde ich ihnen bekennen: „Ich habe euch niemals gekannt, weicht von mir, ihr Übeltäter!" (Mt. 7,22-23).

Andererseits werden wir nicht durch billige Gnade gerechtfertigt oder durch ein Easy Believing gerettet, bei dem uns nach einem „magischen" Übergabegebet die Bordkarte zum himmlischem Check-in ausgehändigt wird.[2] Jakobus warnt:

> So ist auch der Glaube, wenn er keine Werke hat, in sich selbst tot … Du glaubst, dass nur *einer* Gott ist? Du tust recht: Auch die Dämonen glauben und zittern (Jak. 2,17.19).

Auch ist es Jesus nicht egal, wie wir leben. Rein verstandesmäßiger Glaube an seinen Namen oder die Zustimmung zu den richtigen Glaubensaussagen gehen am Wesentlichen vorbei. Gottes Gnade macht die Aufforderung Jesu, unser Kreuz aufzunehmen und ihm nachzufolgen, *nicht* ungültig. Der Glaube an das vollbrachte Werk Christi tritt nicht an die Stelle seines Gebots, Liebe zu üben (als wenn Gehorsam ihm gegenüber gesetzlich wäre).

> So bringt jeder gute Baum gute Früchte, aber der faule Baum bringt schlechte Früchte. Ein guter Baum kann nicht schlechte Früchte bringen, noch kann ein fauler Baum gute Früchte bringen. Jeder Baum, der nicht gute Frucht bringt, wird abgehauen und ins Feuer geworfen. Deshalb: An ihren Früchten werdet ihr sie erkennen. Nicht jeder, der zu mir sagt: Herr, Herr, wird in das Reich der Himmel hineinkommen, sondern wer den Willen meines Vaters tut, der in den Himmeln ist (Mt. 7,17-21).

Wenn wir heutzutage Menschen raten wollen, einen Gang runterzuschalten und einfach mal zu *sein*, dann sagen wir: „Sei einfach mal Mensch – und kein Macher." Doch selbst wenn wir damit nur vor dem Getriebensein warnen wollen, beleben wir eine vermeintliche Alternative, die schon zu Zeiten der Reformation Glauben gegen Werke ausspielte. Gott ruft uns auf, aus dieser Falle zu entkommen und einen dritten Weg zu nehmen: Wir sollen weder Macher sein noch „einfach nur Mensch", sondern vielmehr Liebende. Jesus kam, um uns wieder umfassend menschlich zu machen. Durch eine umgestaltende Liebes-Gerechtigkeit gibt er in seiner Gnade der Menschheit ihre Menschlichkeit zurück. Das Gesetz, das er in unsere Herzen schreibt, ist das königliche Gesetz der Liebe. Lebendiger Glaube antwortet auf das Werk der Gnade mit einem aktiven, lebensverändernden Ja. Wir sind gefordert, Jesus nachzufolgen und in praktischer und umgestaltender Weise an dem mitzuwirken, was er in Liebe beabsichtigt. Wie sieht das aus? Wie Mitleid, Barmherzigkeit, wie Friedenstiften und Gerechtigkeit. Wie Matthäus 25.

„Ohne den großen moralischen Imperativ gibt es keinen Zugang zum Reich Gottes."[3] Das heißt, dass ich den Herrn, meinen Gott wahrhaft von ganzem Herzen, mit ganzer Seele und mit aller meiner Kraft lieben muss – und meinen Nächsten wie mich selbst (Lk. 10,25-28). Denn indem ich meinen Nächsten liebe, liebe ich Jesus. Mit „wiedergeborenen Augen" werde ich feststellen, dass ich das Reich der Liebe sehe und betrete.

Gott ist in den Slums, in den Pappkartons, mit denen die Armen „Haus" spielen. Gott ist im Schweigen der Mutter, die ihr Kind mit dem Virus angesteckt hat, der ihrer beider Leben beenden wird. … Gott ist im Weinen, das unter den Trümmern des Krieges zu hören ist. Gott ist im Schutt vertaner Chancen und Leben, und Gott ist mit uns, wenn wir mit jenen sind.

Bono, beim *National Prayer Breakfast*, Washington 2006

2

Du kennst mich, Raymond

Ray Loewen

Es war ein kühler Sonntagabend im Februar 2001. Zehn Leute aus Altona fuhren nach Winnipeg, um an einem Lobpreis-Abend der dortigen *Vineyard*-Gemeinde teilzunehmen. Die Gemeinde befand sich ganz in der Nähe der Hauptstraße, wo sich für gewöhnlich viele Klebstoffschnüffler, Prostituierte und die Ärmsten der Stadt herumtrieben. Wir parkten vor dem Gemeindehaus und versammelten uns dann zu einer unbeschreiblichen Zeit des Lobpreises und der Anbetung. Nach dem Gottesdienst, wir waren auf dem Weg zum Auto, sahen wir ein Paar die Straße herunterkommen. Sie ging vorbei, bemerkte uns kaum, doch der heruntergekommen wirkende Mann blieb stehen und ging uns um etwas Geld an.

„Hey, Mann, wie sieht's mit ein bisschen Kleingeld aus. Ich brauch Kohle", lallte er. Einige aus unserer Truppe, wohl etwas nervös, bewegten sich weiter in Richtung Auto, doch ich ging auf ihn zu, suchte in meinen Taschen nach ein paar Münzen. Als ich ihm näher kam, schlug mir ein überwältigender Geruch von Alkohol und Klebstoff entgegen. Er hatte in seinen verfilzten Bart gesabbert und wegen der frostigen Temperaturen hatten sich kleine Eiszapfen aus gefrorenem

Speichel gebildet. „Mach hin, sie läuft mir davon", meinte er, zunehmend aufdringlich, mit Blick auf seine Begleiterin, die langsam am Ende der Straße verschwand. Ich wühlte immer noch in meinen Taschen und murmelte Entschuldigungen, dass ich ihm nicht viel Geld geben könne …

In dem Moment sah er mir direkt ins Gesicht und sagte mit klarer, fester Stimme: „Du kennst mich, Raymond. Beeil dich und gib mir etwas Geld!"

Sie können sich vorstellen, dass mein Verstand mir in dem Moment signalisierte, ich hätte einen an der Klatsche. Ein Trommelfeuer an Gedanken schoss mir durchs Gehirn. Warum nennst du mich Raymond? Seit meinen Kindheitstagen hat mich niemand mehr so genannt! Den Namen habe ich immer gehasst. Was meinst du mit „Du kennst mich"? Ich weiß nicht, wer du bist! Wir sind uns nie begegnet! Und du kannst mich nicht kennen. Okay, reiner Zufall. Er hat einfach einen Namen genommen und dann unter den zweihundert Leuten, welche die Kirche verließen, meinen erwischt. Er muss gemeint haben, dass *er* Raymond heiße. Klar, er wollte sagen: „Du kennst mich, *ich bin* Raymond."

Alles nur Zufall? Zwei Leute, die denselben Namen haben und die sich an einem kalten Winterabend im Norden Winnipegs begegnen?

Während der analytische Teil meines Hirns noch vergeblich versuchte, das gerade Geschehene rational zu fassen, erinnerte sich der andere Teil an die Worte Jesu im Matthäus-Evangelium, wo er das Gericht über die Schafe und Ziegen beschreibt. Noch während der Bettler mir seine ausgestreckte Hand entgegenhielt, konnte ich die Szene vor meinem inneren Auge sehen.

Eugene Peterson erzählt die Geschichte in seiner *The Message*-Bibelübertragung so:

Doch wenn der Menschensohn endlich in Herrlichkeit wiederkommt, und alle Engel mit ihm, wird er seinen Platz auf seinem Thron der Herrlichkeit einnehmen. Dann werden alle Völker vor ihm zusammengerufen, und er wird die Menschen trennen, so wie ein Hirte die Schafe von den Ziegen trennt. Die Schafe wird er zu seiner Rechten hinstellen, die Ziegen zu seiner Linken. ... Und dann wird sich der König den Ziegen auf seiner linken Seite zuwenden und sagen: Fort mit euch, ihr wertlosen Ziegen. Ihr taugt zu nichts, als in die Höllenfeuer geworfen zu werden. Und warum?
Darum: Ich war hungrig und ihr habt mir kein Essen gegeben. Ich war durstig, und ihr gabt mir nichts zu trinken. Ich war obdachlos und ihr gabt mir kein Bett. Ich zitterte und ihr habt mich nicht gekleidet. Krank und im Gefängnis, und ich habt mich nie besucht.
Dann werden jene Ziegen sagen: „Herr, wovon redest du? Wann haben wir dich hungrig, zitternd oder krank oder im Gefängnis gesehen und nicht geholfen?"
Er wird ihnen erwidern: „Ich versichere euch: Immer, wenn ihr diese Dinge an jemandem unterlassen habt, der übersehen oder ignoriert wurde, war ich das – ihr habt es an mir unterlassen."

In jener Nacht in den kalten Straßen von Winnipeg sah ich mich vor Gottes Richterstuhl gestellt und Jesus sagen: „Erinnerst du dich an den Abend dort auf der Hauptstraße? *Selbst mit deinem Namen hab ich dich angeredet* – und noch immer hast du mich ignoriert ..."

In dieser Erscheinung erkannte ich Gottes Bestimmung für mich. Tagsüber verkaufe ich in Manitoba Gebrauchtwagen. Aber Gottes Auftrag an mich hat mehr mit der Herausforderung Jesu zu tun, ihm auf der Straße in den Geringen und Verlorenen zu begegnen, als damit, mehr Kunden in Autos und LKW auf die Straße zu bekommen.

***

Einige Monate danach, im September 2001, reiste ich im Rahmen des Projekts *Build A Village*, das vom *Mennonite Central Committee* betrieben wird, zum ersten Mal nach El Salvador. Teil des Projekts ist es, Geld zu sammeln und Unterkünfte für Erdbebenopfer zu errichten. Schon zuvor hatte ich geholfen, zwei Hilfsteams auszubilden, doch war ich nie selbst gegangen. Ich hatte mir vorgenommen, nach El Salvador zu gehen und Matthäus 25 auszuleben. Ich ging, um jemandem in Not zu helfen, jemandem, der kein Heim mehr hat, eines zu geben. Zwei Tage nach meiner Ankunft wurde ich krank, zuerst machte – wohl aufgrund des Trinkwassers oder des ungewohnten Essens – mein Magen Probleme, dann, am zweiten Abend, bekam ich die schlimmsten Rückenschmerzen meines Lebens (was sich später auf einen Nierenstein zurückführen ließ).

Ich lag auf einer Matte auf dem Zementfußboden im Hauptquartier des Projekts, fühlte mich ziemlich mies und hatte Mitleid mit mir selbst. Ich stellte Gott einige dieser „Warum?"-Fragen, so etwa „Warum ich?", „Warum jetzt?" Schließlich wusste er, wie ich mich danach gesehnt hatte, nach El Salvador zu gehen, um seine Worte aus Matthäus 25 auszuleben. Könnte ich nicht in einigen Wochen, wenn der Schmerz wieder weg war, zurückkommen? Alles hatte sich verkehrt: Andere brachten *mir* zu essen und zu trinken, besuchten *mich*, als *ich* krank war, kamen zu *mir*, um für *mich* um Genesung zu beten! Menschen kamen zu mir, um sich zu kümmern, mich zu speisen und mich zu lieben!

Am zweiten Morgen dämmerte es mir: Ich *lebte* die Verse aus Matthäus 25! Nur war ich davon ausgegangen, sie als Gebender zu leben – und jetzt erlebte ich sie als Nehmender. Nie hätte ich erwartet, das auf diese Weise zu leben, doch Gott gebrauchte meine Erkrankung, um die Wichtigkeit der in Matthäus 25 beschriebenen Form von Mitleid zu unterstreichen:

Dann wird der König zu denen auf seiner Rechten sagen: „Kommt herbei, ihr Gesegneten meines Vaters! Nehmt, was euch in diesem Reich zukommt. Es ist seit Anfang der Welt für euch bereit. Nämlich darum: Ich war hungrig, und ihr gabt mir zu essen, ich war durstig und ihr gabt mir zu trinken, ich war obdachlos und ihr gabt mir ein Zimmer, ich zitterte und ihr gabt mir Kleider, ich war krank und ihr nahmt euch die Zeit für einen Besuch, ich war im Gefängnis und ihr kamt zu mir." Dann werden jene „Schafe" sagen: „Herr, wovon redest du? Wann haben wir dich je hungrig gesehen und dir zu essen gegeben, durstig, und dir zu trinken gegeben? Und wann haben wir dich je krank oder im Gefängnis gesehen und sind zu dir gekommen?" Dann wird der König sagen: „Ich versichere euch: Immer, wenn ihr dieses jemandem getan habt, der übersehen oder ignoriert wurde, war ich das – ihr habt es mir getan" (Mt. 25, 25-40, nach *The Message*).

3

Herr Derherr

Marshall Rosenberg[1]

Einmal fragte ich meinen Onkel Julius, wie er seine bemerkenswerte Fähigkeit zu mitfühlendem Geben erlangt habe. Er schien sich von der Frage geehrt zu fühlen, dachte einen Moment darüber nach, bevor er zu einer Antwort ansetzte. „Ich war mit guten Lehrern gesegnet." Auf meine Nachfrage, wer diese gewesen seien, erinnerte er sich: „Deine Großmutter war die beste Lehrerin, die ich je hatte. Du hast sie nur erlebt, als sie schon krank war, darum kannst du nicht wissen, wie sie wirklich war. Hat dir zum Beispiel deine Mutter je von der Zeit der großen Depression erzählt, als sie einen Schneider, der sein Haus und seine Anstellung verloren hatte, mit seiner Frau und seinen zwei Kindern bei sich unterbrachte?" Ich konnte mich gut an die Geschichte erinnern. Sie hatte mich tief beeindruckt, als meine Mutter sie mir erzählte, denn es blieb mir ein Rätsel, wie Großmutter in ihrem bescheidenen Haus Platz für die Schneidersfamilie finden konnte, wo sie doch auch die eigenen neun Kinder unterbringen musste!

Onkel Julius brachte noch einige weitere Geschichten über Großmutters Mitgefühl in Erinnerung, Geschichten, die ich allesamt schon als Kind gehört hatte. Dann fragte er: „Ganz sicher hat dir deine Mutter auch von Jesus erzählt."

„Von wem?"

„Jesus."

„Nein, von Jesus hat sie mir nie erzählt."

Die Geschichte von Jesus war das letzte kostbare Geschenk, das ich von meinem Onkel bekam, bevor er starb. Die wahre Geschichte handelt davon, wie ein Mann an die Hintertür meiner Großmutter klopfte und um etwas zu essen bat. Obwohl Großmutter selbst sehr arm war, wusste die ganze Nachbarschaft, dass sie jedem, der an ihrer Tür auftauchte, etwas zu essen geben würde. Der Mann hatte einen Bart und struppiges schwarzes Haar, seine Kleidung war zerlumpt und um den Hals trug er ein Kreuz, das aus Zweigen gebunden war. Großmutter bat ihn in die Küche, und während er aß, fragte sie ihn nach seinem Namen.

„Ich heiße Jesus", antwortete er.

„Und haben Sie auch einen Nachnamen?", forschte sie nach.

„Ich bin Jesus, der Herr." (Großmutters Englisch war nicht allzu gut. Später erzählte mir mein anderer Onkel Isador, dass er in die Küche kam, als der Mann aß, und Großmutter ihn als „Herr Derherr" vorstellte.)

Während er weiteraß, fragte meine Großmutter, wo er wohne.

„Ich habe kein Zuhause."

„Und … wo wollen Sie die Nacht bleiben? Es ist kalt."

„Ich weiß nicht."

„Möchten Sie hierbleiben?", bot meine Großmutter an.

Er blieb sieben Jahre.

Im Blick auf gewaltfreie Kommunikation[2] war meine Großmutter ein Naturtalent. Sie dachte nicht darüber nach, was dieser Mann „war". Hätte sie das getan, hätte sie ihn

wohl für verrückt gehalten und zugesehen, dass sie ihn los-
wird. Nein, ihr Denken kreiste darum, was Menschen fühlen
und was sie brauchen. Wenn sie Hunger haben, gib ihnen zu
essen. Wenn sie kein Dach über dem Kopf haben, bereite
ihnen ein Lager.

Meine Großmutter liebte den Tanz, und meine Mutter
erinnerte sich, dass sie zu sagen pflegte: „Gehe niemals,
wenn du tanzen kannst." Und so beende ich dieses Buch über
die Sprache der Barmherzigkeit mit einem Lied, das meine
Großmutter besingt, die die Sprache der gewaltfreien Kommunikation beherrschte und lebte.

One day a man named Jesus
came around to my grandmother's door.
He asked for a little food,
she gave him more.

He said he was Jesus the Lord;
she didn't check him out with Rome.
He stayed for several years,
as did many without a home.

It was in her Jewish way,
she taught me what Jesus had to say.
It was in her Jewish way,
she taught me what Jesus had to say.

And that's: „Feed the hungry, heal the sick,
then take a rest.
Never walk when you can dance;
make your home a cozy nest."

It was in her Jewish way,
she taught me what Jesus had to say.
In her precious way,
she taught me what Jesus had to say.

Eines Tages kam ein Mann namens Jesus
bei meiner Großmutter an die Tür.
Er bat um ein wenig zu essen,
sie gab ihm mehr.

Er sagte, er sei Jesus, der Herr;
sie ließ das nicht in Rom überprüfen.
Er blieb mehrere Jahre,
wie viele andere ohne Zuhause.

Auf ihre jüdische Art
lehrte sie mich, was Jesus zu sagen hatte.
Auf ihre jüdische Art
lehrte sie mich, was Jesus zu sagen hatte.

Nämlich: „Gib den Hungrigen zu essen, heile die Kranken,
dann ruh dich aus.
Gehe nie, wenn du tanzen kannst;
lass dein Zuhause ein gemütliches Nest sein."

Auf ihre jüdische Art
lehrte sie mich, was Jesus zu sagen hatte.
Auf ihre kostbare Art
lehrte sie mich, was Jesus zu sagen hatte.

4

Jesus die Windeln wechseln

Zusammengestellt von Brad Jersak

Am Ende unseres Lebens werden wir nicht danach beurteilt werden, wie viele Diplome wir verliehen bekommen, wie viel Geld wir verdient oder was für großartige Dinge wir vollbracht haben. Das Urteil orientiert sich an: „Ich war hungrig und ihr habt mir zu essen gegeben. Ich war nackt und ihr habt mich gekleidet. Ich war heimatlos und ihr habt mich hereingebeten." Nicht nur Hunger nach Brot – sondern nach Liebe. Nicht nur bloß wegen fehlender Kleidung – sondern aus Mangel an menschlicher Würde und Respekt. Ohne ein Zuhause, nicht nur, weil es an einem ummauerten Raum fehlt – sondern weil man verstoßen wurde. So erscheint uns Christus in erschütternder Verkleidung. (Mutter Teresa)[1]

Mutter Teresa aus Kalkutta, die verstorbene Gründerin der „Missionarinnen der Nächstenliebe", war eine bemerkenswerte kleine Frau mit gottbegnadeten Augen. Ihr Herz für die Armen und Kranken entsprang einer Sicht von Christus in jedem von ihnen, egal, welcher Kaste er angehörte, welchem Geschlecht oder welchem Glauben. Ich bin überzeugt, dass ihre Fähigkeit, Jesus in den Geringsten zu erblicken, mehr war als eine persönliche Lebensphilosophie; über viele Jahrzehnte war es ihre göttliche Kraftquelle. Es gab ihr buchstäblich ihre Energie. Als ich Aussagen von ihr oder über sie zusammenstellte, erkannte ich in dieser immer wiederkehrenden Botschaft das Grundthema ihres Lebens. Hier einige Beispiele.

***

Als Erwiderung auf das Reden Christi in ihren Gebeten gründete Mutter Teresa im Jahr 1952 die „Missionarinnen der Nächstenliebe". Über 45 Jahre arbeitete sie selbstlos, indem sie überall auf der Welt Drogenabhängigen, Prostituierten, misshandelten Frauen, Aids-Opfern und Waisen eine Heimat bot. Ihr Eifer und ihre Werke der Barmherzigkeit kannten keine Grenzen. Die „Missionarinnen der Nächstenliebe" wuchsen von anfänglich zwölf Schwestern auf einige tausend an, die dann den Ärmsten der Armen in 450 Zentren dienten. Am 5. September 1997 starb Mutter Teresa im Alter von 87 Jahren. Ihre Arbeit lebt weiter.

Die „Missionarinnen der Nächstenliebe" sind zugleich kontemplativ und offensiv. Alles geschieht für Christus, durch Christus und in Christus … tagaus, tagein, treu und fest, vier Stunden Gebet, sechs Stunden Schlaf – der Rest für den Dienst. Sie sind zäh und heilig. Ihr tiefes Gebetsleben, gegründet auf dem Leib und dem Blut Jesu in der Eucharistie, ist die Nahrung ihrer Seele, gibt ihnen übernatürliche Kraft.

In den Augen der Schwestern ist der verwahrloste arme Mann nichts weniger als Jesus, der um Anerkennung und Liebe fleht, Jesus, den hungert, Jesus, der kein Dach über dem Kopf hat. Im Angesicht eines jeden und jeglichen Armen sehen sie das Antlitz Jesu. Sie wechseln Jesus die Windeln, kochen für Jesus, waschen den behinderten Jesus und vieles mehr. Sie sind seine Dienerinnen. (Peter Reynolds)[2]

Sagt ihnen, dass wir nicht um der Arbeit willen hier sind, wir sind hier für Jesus. Alles, was wir tun, gilt ihm. Zuallererst sind wir ein Orden – keine Sozialarbeiter, keine Lehrer, keine Krankenschwestern oder Ärztinnen – wir sind Ordensschwestern. In den Armen dienen wir Jesus. Ihn pflegen wir, füttern ihn, kleiden ihn, besuchen ihn. Ihn trösten wir, wenn wir den Armen trösten, den Ausgestoßenen, den Kranken, die Waise und den Sterbenden. Alles, was wir tun – unsere Gebete, unsere Arbeit, unser Leiden – gilt Jesus. Unser Leben kennt keinen anderen Grund und keine andere Motivation. Das ist etwas, was viele nicht verstehen. Ich diene Jesus 24 Stunden am Tag, was immer ich tue, ist für ihn. Und das macht mich stark. In den Armen liebe ich ihn und die Armen in ihm. Doch der Herr steht immer an erster Stelle. (Mutter Teresa)[3]

Ich freue mich, in dieser Zeit des Gebets an Mutter Teresa, Missionarin der Nächstenliebe, zu erinnern … Ihr Dienst begann früh morgens bei der Eucharistie. In der Stille der Besinnung hörte Mutter Teresa von Kalkutta den Widerhall des Rufes Jesu am Kreuz: „Mich dürstet." Dieser Schrei, empfangen in der Tiefe ihres Herzens, spornte sie an, Jesus in den Armen zu suchen, den Ausgestoßenen und Sterbenden in den Straßen Kalkuttas und an den Enden der Erde. Liebe Brüder und Schwestern, diese Ordensschwester hinterlässt ein beredtes Beispiel für jedermann, Gläubige wie Nichtgläubige. Sie hinterlässt uns das Zeugnis der Liebe Gottes, das sie selbst annahm und das ihr Leben in eine umfassende Gabe an ihre Brüder und Schwestern umgestaltete. Sie bezeugt uns eine Kontemplation, die zur Liebe wurde, und eine Liebe, die in Kontemplation mündete. Die Taten, die sie vollbracht hat, sprechen für sich selbst und weisen die Menschen unserer Tage auf einen erhabenen Lebenssinn, der leider allzu häufig verloren gegangen zu sein scheint. (Johannes Paul II.)[4]

Jesus ist der Hungernde – gib ihm zu essen.

Jesus ist der Durstige – gib ihm zu trinken.

Jesus ist der Nackte – kleide ihn.

Jesus ist der Obdachlose – bitte ihn herein.

Jesus ist der Kranke – heile ihn.

Jesus ist der Einsame – liebe ihn.

Jesus ist der Unerwünschte – wende dich ihm zu.

Jesus ist der Aussätzige – versorge seine Wunden.

Jesus ist der Bettler – schenk ihm ein Lächeln.

Jesus ist der Trinker – höre ihm zu.

Jesus ist der geistig Behinderte – beschütze ihn.

Jesus ist einer dieser Geringen – nimm ihn in den Arm.

Jesus ist der Blinde – führe ihn.

Jesus ist der Stumme – sprich für ihn.

Jesus ist der Krüppel – geh mit ihm.

Jesus ist der Junkie – sei ihm ein Freund.

Jesus ist die Prostituierte – nimm ihm die Angst und hilf ihm.

Jesus ist der Gefangene – besuche ihn.

Jesus ist der Alte – diene ihm. (Mutter Teresa)[5]

Wenn man Mutter Teresa und die „Missionarinnen der Nächstenliebe" verstehen will, muss man um die Heiligkeit wissen, mit der sie alle Menschen behandeln, und um die Demut beim Ausüben ihrer Tätigkeit. Für die „Missionarinnen der Nächstenliebe" ist Jesus in jedem, der ihnen begegnet, gegenwärtig: sei es ein junger ehrenamtlicher Helfer aus New Jersey, eine alte, hungernde, halb von Würmern und Ratten zerfressene Muslimin oder das mit Deformierungen zur Welt gekommene Neugeborene, das sie auf einer Müllhalde aufgelesen haben. In jedem ist Christus gegenwärtig, insbesondere aber in den Ärmsten der Armen. Von Anfang an hatten es Mutter Teresa und ihr Orden darauf angelegt, jedem Menschen so zu begegnen, als sei es Jesus. Entsprechend wird jede Aufgabe zum Nutzen der Armen so getan, wie sie es für Jesus tun würden. Mit anderen Worten: Sie waschen Jesu Windeln, bereiten ihm die Mahlzeiten zu, pflegen seinen siechen Körper und halten seine Hand. (Mary Poplin, Journalistin)[6]

Es reicht nicht, wenn wir sagen: „Ich liebe Gott, doch meinen Nächsten liebe ich nicht." Johannes sagt, dass du ein Lügner bist, wenn du sagst, dass du Gott liebst, ohne deinen Nächsten zu lieben. Wie kannst du sagen, du liebtest Gott, den du nicht siehst, wenn du deinen Nächsten, den du siehst, den du berührst, mit dem du lebst, nicht liebst? Darum ist es für uns wichtig zu erkennen, dass Liebe wahrhaftig sein muss, dass sie weh tun muss. (Mutter Teresa)[7]

Um einander lieben zu können, müssen wir viel beten, denn Gebet reinigt das Herz, und ein reines Herz vermag Gott im Nächsten zu sehen. Wenn wir keinen Frieden haben, dann deshalb, weil wir vergessen, Gott im anderen zu sehen. *Wenn jedermann in seinem Nächsten Gott sehen würde, meint ihr, wir bräuchten dann noch Gewehre und Bomben?*
Im Gespräch mit jemandem denken wir nicht immer: „Jesus ist in diesem Menschen." In dem Gleichnis unseres Evangeliums dachten die Menschen auch nicht an die Gegenwart Gottes in denen, die sie umgaben. Darum sagen sowohl die zur Rechten des Menschensohnes als auch die zu seiner Linken: „Herr, wann sahen wir dich hungrig oder durstig oder als Fremdling, nackt, krank oder im Gefängnis?" (Mutter Teresa)[8]

Wahre Bekehrungstätigkeit, die sich am Beispiel Jesu orientiert, meint nicht den „missionarischen Eifer" selbstgerechter Proselytenmacher. Im Gegenteil, sie bedeutet die Art von alles umfassender Weite, die in Mutter Teresas Gebet erkennbar ist: *„Möge Gott mein Herz derart vollständig zerbrechen, dass die ganze Welt hineinfallen kann."* Nicht nur die

Mitschwestern, Katholiken, Menschen aus Kalkutta, Inder. Die ganze Welt. Das lässt mich erkennen: Wenn solch ein Gebet von mir gesprochen und von Gott erhört würde, dann bekäme ich ein so weit offenes Herz, dass sogar vom Hass getriebene Eiferer hineinfallen würden. (David James Duncan)[9]

Liebster Herr, dass ich doch heute und alle Tage dich in den Kranken erkennen und dir dienen möge, indem ich sie pflege.

Obwohl du dich hinter dem unattraktiven Schleier des Gereizten, des Fordernden, des Unvernünftigen verbirgst, möchte ich dich stets erkennen und sagen: *„Jesus, mein Patient, wie lieblich ist es, dir zu dienen."*

Herr, gib mir diesen sehenden Glauben, dann wird meine Arbeit niemals eintönig. Dann werde ich immer Freude finden, um Schrulligkeiten mit Humor zu tragen und die Wünsche aller armen Leidenden zu erfüllen.

O geliebter Kranker, wie doppelt lieb bist du mir, wenn du Christus personifizierst; und welch ein Vorrecht für mich, dir dienen zu dürfen.

Liebster Herr, mache mir die Würde meiner hohen Berufung und ihrer weitreichenden Verantwortung bewusst. Erlaube mir nie, sie herabzusetzen, indem ich Kälte, Unfreundlichkeit oder Ungeduld zulasse.

Und, o Gott, wenn du Jesus, mein Patient, bist, sei auch mir gegenüber ein geduldiger Jesus, der meine Fehler erträgt und nur meine Absicht sieht, nämlich dich zu lieben und dir in der Person jedes deiner Kranken zu dienen.

Herr, mehre meinen Glauben, segne meine Mühe und Arbeit, jetzt und immer. (Mutter Teresa)[10]

5

Adam

Henri Nouwen[1]

Henri Nouwen arbeitete mit dem schwer behinderten Adam in Dayspring, *einer von Nouwens* Arche-Gemeinschaften, *in Richmond Hill, Ontario. Die Geschichte von Adam, die nur einige Wochen vor Henri Nouwens Tod vollendet wurde, beschreibt Nouwens Verständnis des Evangeliums im Kontext „dieser Geringsten".*

Wenn ich an Adams ersten Lebensabschnitt denke, dann kann ich nicht anders, als eine enge Parallele zu Jesu Leben in seinem Zuhause zu erkennen. Jesus kam nicht in Kraft und Macht. Er war in Schwachheit gekleidet. Der Großteil seines Lebens ereignete sich im Verborgenen, als er die menschlichen Lebensumstände als Baby, als Kind, als Jugendlicher und als reifer Erwachsener teilte. Ähnlich dem von Jesus von Nazareth, war das verborgene Leben Adams eine von anderen unbemerkte Vorbereitung für den Dienst an vielen Menschen, obwohl weder er selbst noch seine Eltern das so sehen konnten.

Ich sage nicht, Adam sei ein zweiter Jesus gewesen. Doch was ich sagen will, ist: Weil Jesus so verletzlich war, können wir an Adams höchst verletzlichem Leben die große geistliche Bedeutsamkeit eben dieses Lebens erkennen. Adam besaß keine einzigartigen, heldenhaften Eigenschaften, er tat sich in nichts hervor, über das die Zeitungen schreiben würden. Aber ich bin überzeugt, dass Adam dazu ausersehen war, in seiner ganzen Zerbrechlichkeit Gottes Liebe zu bezeugen. Damit möchte ich ihn überhaupt nicht romantisch oder sentimental verklären. Adam war, wie wir alle, ein Mensch mit Begrenzungen, begrenzter als die meisten von uns, so konnte er sich nicht mit Worten ausdrücken. Doch gleichzeitig war er ein sehr heiler, unversehrter Mensch und ein gesegneter Mann. In seiner Schwachheit wurde er ein einzigartiges Instrument der Gnade Gottes. Mitten unter uns wurde er zu einer Offenbarung Christi.

Adam besaß ein inneres, strahlendes Licht von Gott. In seinem Leben gab es nicht viel Ablenkung, wenig Drumherum und wenig Motivation, sein Inneres zu füllen. Entsprechend brauchte Adam sich nicht in den geistlichen Disziplinen zu üben, die es einem ermöglichen, leer und empfänglich für Gott zu werden. Durch sein sogenanntes „Unvermögen" wurde er damit begabt. Gott stellte für ihn nie den Gegenstand intellektuellen oder gefühlsmäßigen Suchens dar. Sein Geliebtsein, seine Gottesebenbildlichkeit, sein Einsatz für Frieden können nur von jenen gewürdigt werden, die bereit sind, ihn als von Gott gesandt willkommen zu heißen.

Die meisten sahen in Adam einen Behinderten, der kaum etwas zu geben hatte und der seiner Familie, der Gemeinschaft und der Gesellschaft insgesamt zur Last fiel. Und solange man ihn in dieser Weise ansah, war die Wahrheit über ihn verborgen – was nicht empfangen wurde, wurde auch nicht gegeben.

Doch seine Eltern liebten Adam einfach nur, weil er Adam war. Sie wertschätzten und liebten ihn um seiner selbst willen. Ohne sich dessen bewusst zu sein, hießen sie ihn als jemanden willkommen, der uns in völliger Verletzbarkeit von Gott geschickt wurde, um ein Werkzeug seines Segens zu sein. Diese Sicht von ihm machte den ganzen Unterschied, denn dann konnte sich Adam zu jemandem entwickeln, der ganz besonders war, ein wundervolles, begabtes Kind der Verheißung.

6

Eve

Brad Jersak und Eve

Eve hat nichts mit einer typischen Fünfjährigen gemein. An ihr oder ihrer Geschichte findet sich nichts Alltägliches. Das liegt daran, dass Eve ein völlig funktionsfähiger, abgetrennter Teil einer sehr gespaltenen erwachsenen Frau ist.[1] Anders ausgedrückt: Eve tritt uns als eine von vielen kindlichen Persönlichkeiten entgegen, die allesamt in Janice leben (Name geändert), einer Frau in den Vierzigern, die als Kind und Jugendliche extreme Traumatisierungen erlitt. Um im Leben klarzukommen, entwickelte sie unbewusst die Fähigkeit, in sich Teile zu erschaffen, die ihre schlimmsten Erinnerungen tragen, den Großteil ihres Schmerzes aufbewahren und Aufgaben übernehmen, um ihrem inneren Leben einen Anschein von Ordnung zu verschaffen. So kam Eve zustande.

Natürlich unterschied sich Eves Vorstellung von Ordnung, bevor sie Jesus kennenlernte, sehr von der unsrigen. Sie schloss eine Ergebenheit an Dämonen ein, die sie ermächtigten, Janice zu malträtieren, indem sie sich selbst mit einem Messer schnitt, wann immer Janice Dinge tat, die ihr inneres System durcheinanderbringen konnten. Die Hölle brach los, als Janice Christ wurde.

Eve glaubte tatsächlich, dass sie das Böse in Reinform sei, dass niemand sie lieben könne, weil alles, was sie war und kannte, Finsternis war. Sie besaß ein böses Mundwerk und hatte für Jesus und jeden, der ihn liebte, nur Spott und Hass übrig. Ihre Selbstwahrnehmung als das reine Böse wurde noch verstärkt, als Christen sie als Dämon identifizierten und sie auszutreiben versuchten. Das Problem ist nur, dass man nicht einen Teil der Seele eines Menschen austreiben kann. Anders als ein Dämon, hatte sich Eve nicht einem Seelsorger im Befreiungsdienst zu unterwerfen, nicht einmal Jesus, denn sie besaß einen menschlichen Willen. Tatsächlich kann eine derartige „Befreiung" einem geistlichen Missbrauch gleichkommen, der dissoziierte („abgespaltene", Anm. d. Üs.) Persönlichkeitsanteile wie Eve noch tiefer verankert.

Für eine Fünfjährige war Eve sehr mächtig. Sie konnte Janice für Stunden in einen Zustand der Bewusstlosigkeit versetzen, ohne dass sie sich später daran erinnern konnte. Wenn Janice dann wieder zu sich kam, würde sie an ihren Armen neue Verletzungen vorfinden, zudem lästerliche E-Mails, die Eve verfasst hatte, um ihre besten Freunde zu verunglimpfen. Am schlimmsten waren die Schlafenszeiten mit heftigen sexuellen Übergriffen seitens ihrer unsichtbaren Missbraucher – unter den Augen ihres Ehemanns.

Zu der Zeit traf ich Eve. Ich sah Janice, wie sie versuchte, sich in einer Ecke des Gemeindehauses zu vergraben, der Herr ließ mich sehen, was geschah. Als sie sich wieder in der Sicherheit eines liebenswerten Paares befand, das sich um sie kümmerte, fragte ich Janice, ob ich sie in den Arm nehmen dürfte. Trotz ihrer Ängste und der erfahrenen Abweisung nickte sie mir zu. Wenn ich kein passendes Gebet zur Hand habe und auch keine echte Hoffnung, Dinge in Ordnung bringen zu können, dann kann eine Umarmung selbst dem verhärtetsten Herzen die Liebe Gottes vermitteln. Leise betete ich, dass meine Arme voll mit seiner Liebe sein würden. Nachdem sie diese „Umarmung Jesu" empfangen hatte, sah ich Janice ins Gesicht, doch dabei schaute ich in Eves Augen. Der Hass war so intensiv, dass ich verstehen konnte, wie manche sie fälschlicherweise für einen Dämon halten konnten. Aber was ich da sah, war kein Dämon. Ich sah ein Wunder, das darauf wartete, zu geschehen. In meinem Herzen wusste ich, dass ich ein wütendes kleines Mädchen anschaute, das nur das zu tun versuchte, von dem es meinte, es sei seine Aufgabe. Ihr Zorn war eine Waffe, geschmiedet, um sie zu beschützen, nur funktionierte es nicht so gut. Und ich spürte auch, dass die kleine Eve sich etwas von dieser „Jesus-Umarmung" stibitzt hatte. Ich bat Jesus, dass er meine Augen mit seiner Barmherzigkeit fülle, damit sie erkennen konnte, dass er sie kennt und liebt. Ich bin nicht ihr Therapeut, ihr Arzt oder ihr Pastor, doch in dem Moment wurde ich zu Eves erstem Freund.

Es brauchte lange, und auf dem Weg gab es eine Reihe von Missgeschicken, aber nach und nach lernte Eve Jesus selbst kennen. Ich überspringe die Einzelheiten dieses turbulenten Prozesses. Mit der Einwilligung von Janice schrieb Eve (die jetzt ein guter Freund von ihr war) das folgende Zeugnis von dem, wie es für sie ist, Jesus zu kennen. Übrigens: Wenn Sie der Ansicht sind, dass alle dissoziierten Anteile einer Person Dämonen sind, dann passen Sie jetzt bitte gut auf – es könnte andere vor einer Menge Schmerzen bewahren (was ich mit diesem Zeugnis auch bezwecke).

***

Hi Bradley,

so … du batest mich, etwas über den guten alten Jesus zu schreiben!! Hihi! Manchmal nenn ich ihn so … Ha! Du willst wissen, wie Jesus aussieht? Das ist ganz einfach! Jesus ist ein großer Mann, seine Haut ist dunkel … wie richtig kräftig sonnengebräunt??? Normalerweise trägt er ein hübsches weißes Gewand, so weich wie mein Teddybär.

Seine Augen sind braun, die erstaunlichsten Augen, die du je gesehen hast. Wenn du in sie schaust, dann verlierst du dich darin, mitten drin – und du möchtest nie wieder wegschauen. Du willst einfach nur für immer an diesem Ort der Wärme und des vollkommenen Friedens leben. Seine Augen sind lebendig, sie sagen Dinge ohne Worte. Sie erzählen mir, dass er mich liebt – ganz einfach, ohne Grund. Sie sagen mir, dass er von mir nicht genug bekommen kann. So, wie ich für ihn empfinde, so liebt er mich – ganz alleine mit seinen Augen.

Sein Körper ist, wenn du alles zusammensetzt, ein Wunder, ich sag mal: etwa so wie Mr. Potato Head [eine populäre amerikanische Spielzeugfigur, deren Korpus einer Kartoffel nachempfunden ist und die man mit Ansteckteilen vielfältig variieren kann; Anm. d. Üs.]. Alle Teile passen irgendwie zusammen, und am Ende kommt etwas raus, was größer ist als groß ... viel größer als Mr. Potato Head. Obwohl ich den Typen mag, er ist lustig.

Sein Lächeln ... tja, da fehlen mir die Worte. Es lädt dich ein, mit ihm zu lächeln. Selbst in den allerschlimmsten meiner schmerzlichen Phasen lächelt er mich freundlich an – und ich muss zurücklächeln, weil ich weiß, dass er mich IMMER liebt. Selbst dann, wenn ich schlecht gewesen bin.

Seine Hände sind zart und stark zugleich. Es ist verrückt, weil du ja weißt, dass er Gott ist, aber er rührt dich an und schickt eine Wärme durch dich, direkt durch den Körper bis hinunter zu deinen Zehen. Echt, Bradley, du fühlst dich wärmer im Herzen. Und doch weißt du, dass er auch so, so stark ist. Einmal war die kleine Jacqueline [ein weiteres dissoziiertes Stück von ihr] so schlimm von den Männern verletzt worden, die sie im Krankenhaus misshandelt hatten ... sie war traurig und weinte und war körperlich verletzt. Jesus hob sie auf und hielt sie so sanft in seinen starken Armen. Er strich ihr über das tränennasse Haar und immer und immer wieder streichelte er ihre heißen Wangen mit seinem Handrücken. Als sie eingeschlafen war, legte er sie vorsichtig in einen Sessel – und in seinem Gesicht sah ich den Ausdruck von Schmerz und Zorn, von Gequältsein und Ärger. Seine zärtlichen Hände wandelten sich in starke Fäuste. Ich konnte nicht glauben, dass das mein Jesus war, dass das der gleiche Jesus war, er erschien so groß und stark. Ich war erschrocken, doch gleichzeitig mochte ich es, wollte ihm zujubeln, weil ich wusste, dass er auf Jacqueline nicht böse war. Wegen der Männer, die dem kleinen Mädchen so weh taten, litt er solche Qualen und war wütend. Sie war doch erst sechs. Tut mir leid, ich quatsche zu viel, doch Jesus kann auch groß und stark sein.

Auf dem Schoß von Jesus zu sitzen ist das Beste überhaupt. Wenn er seine Hände ausstreckt, dann MUSS ich zu ihm laufen, ganz schnell, denn er wartet auf mich … Nur auf mich. Dann fängt er mich und wirbelt mich durch die Luft. Er und ich, wir spielen viel, denn ich mag nicht lange still sitzen.

ABER DAS BESTE, meine Lieblingssache … das ist sein Haar!!! Sein Haar ist lang, gewellt und es fühlt sich an wie kleine Kaninchen!!! Wenn ich mit ihm schmuse, dann sitze ich da und berühre sein Haar. Immer und immer wieder lass ich es durch meine Finger gleiten. Das hilft mir beim Einschlafen. Wenn du also Probleme mit dem Schlafen hast, versuch's damit. Ganz echt: es hilft. An besonderen Tagen lässt er mich mit seinem Haar spielen, und ich und „J" [ein dritter Teil] machen einen Pferdeschwanz. Ich hab's wohl schon gesagt, aber es stimmt wirklich. Jesus mit Pferdeschwanz – ist das nicht lustig?? Stell dir das mal vor …

Am meisten liebe ich die Zeiten, wenn Jesus mit mir spricht. Und er spricht immer mit mir. Seine Stimme ist ruhig und sanft, auch, wenn er es ernst meint … Er meint es ernst. Manchmal tue ich nicht, was mir gesagt wurde, dann verzieht er lustig die Augenbrauen. Und manchmal soll ich mich hinsetzen und er sagt mir, was ich falsch gemacht habe.

Eine Sache ist bei Jesus ganz besonders: Er wird nie laut mir gegenüber. Er gibt mir nie das Gefühl, dumm, beschränkt oder böse zu sein. Er sagt mir nur, dass es nicht gut für mich oder jemand anderen ist. Oder hin und wieder sagt er, dass Jesus es am besten weiß und ich vertrauen soll. Das ist dann manchmal schwer.

Er mag das, wenn er das Leben von Menschen übernehmen darf. Manchmal kämpfe ich damit … ja, häufig sogar, aber Jesus macht mir kein schlechtes Gewissen … er liebt mich einfach. Immer … in allem … er liebt mich einfach nur. Weißt du: Andere Menschen sagen mir, dass sie mich lieben, und irgendwie glaube ich ihnen … doch bei Jesus bist du dir sicher!!! Und ich liebe ihn auch, so, so sehr.

Das Stärkste ist, dass ich begreife, dass Jesus groß genug ist, auch andere so sehr zu lieben. Es gilt nicht nur mir. Ich war immer eifersüchtig, wenn Jesus zu jemand anderem ging … zu den anderen kleinen Mädchen (jetzt sind wir Freunde!). Doch jetzt fang ich langsam an zu sehen, dass Jesus auch andere lieben kann, wirklich jeden. Ich beobachte ihn immer noch genau und lass ihn nicht zu weit von mir weggehen, aber jetzt komm ich langsam damit klar. Ich glaub, dass ich nach und nach jedem wünsche, zu fühlen, wie besonders er ist. Das sollte doch nicht nur mir gelten, oder? Wie auch immer. Ich glaube nicht, dass ich Jesus daran hindern kann, jedermann zu lieben. Genau das tut er. Ich versuche das auch zu lernen. Ich mag es, dir von Jesus zu erzählen, Bradley. Er ist mein Ein und Alles. Und für dich auch, nicht wahr?

Ich hoffe, du mochtest, was ich dir darüber erzählt habe, was mir Jesus bedeutet. Ich hab's nicht so mit Büchern, du kannst meine Wörter ruhig verändern. Du kannst schöner reden als ich.

Es ist nicht einfach, von Jesus zu erzählen, es gäbe so viel zu sagen. Und manchmal verwende ich keine Wörter, weil sie nicht funktionieren. Ich schau ihm in die Augen und er spricht ohne Worte zu mir. Und ich höre und schaue und liebe ihn immer mehr. Er ist für immer in meinem Herzen.

Jesus hält uns an, es weiterzusagen, dass manche Menschen andere nicht wirklich in der Weise „sehen", wie Jesus es tut. Wenn wir einander ansehen, schauen wir dann wirklich mit den Augen Jesu? Was sehen wir dann wirklich? Lassen wir da die „Welt" in uns hinein, wo wir Jesus reinlassen sollten?

Das Gleiche gilt für die Weise, wie wir uns selbst betrachten. Sehen wir dann das, was Jesus sieht? Kümmern wir uns zu sehr darum, was andere in uns sehen oder über uns denken? Wenn wir uns umschauen, sehen wir dann „Herzen" – oder einfach nur Leute? Wenn Jesus uns anschaut, dann sieht er unser Herz, sieht, wie er möchte, dass wir sein sollen.

Wie steht's mit unseren Augen? Wie sehen wir?

Wow, Jesus sagte gerade: „Es wird Zeit, den Schleier zu lüften." Hat dir das was zu sagen? Ich fragte ihn, was der Schleier sei, und die Antwort lautete, das sei für jeden unterschiedlich. Zu verschiedenen Zeiten unseres Lebens können wir unterschiedliche Schleier vor Augen haben. Mein augenblicklicher Schleier heißt „Selbsthass". Was ich über mich denke und wie ich mich sehe, trübt die Wahrheit, trübt mein wahres Selbst.

Es fiel mir nicht leicht, das jemandem mitzuteilen. Ich arbeite dran, aber es ist schwer. Niemand hat mich je als „gut" angesehen, doch jetzt gibt es einige. So wie du, Bradley. Wenn du mich siehst, so sagtest du, siehst du ein Wunder. Das hat mir viel bedeutet. Ich hoffe, dass dir das bewusst ist. Weißt du, welches im Moment dein Schleier ist?

Wenn ich bei Jesus bin ... mag ich mich! Wenn ich bei Jesus bin, fühle ich, wie er mich sieht ... und ich kann es auch sehen. Wenn ich mich von ihm wegbewege, wird's schwieriger. Bei ihm fühl ich mich sicher. Ich weiß mich akzeptiert. Ich fühle mich, als wäre ich das außerordentlichste Mädchen auf der ganzen Welt. Und ich möchte, dass sich andere auch so fühlen. All die Mädchen dort drinnen, auch die Teenager, ich wünsch mir das für jeden!!!

Für Bradley, in Liebe – Eve
Ich und Jesus bei Tim Hortons.* Für mich Kakao, keinen Kaffee.
(*eine kanadische Fast-Food-Kette, ursprünglich auf Donuts spezialisiert)

Teil 2

Den Geringsten Jesus sein

Einander Christus sein

Gutes fließt von Christus und fließt in uns hinein. Er hat uns angenommen und für uns gehandelt, als wäre er, was wir sind. Dieses Gute fließt von uns zu denen, die es brauchen, damit wir unseren Glauben und unsere Gerechtigkeit Gott vorlegen und er die Sünden unseres Nächsten, die wir auf uns nehmen, zudeckt und für sie im Gebet eintritt und so wirkt und ihnen dient, als wären sie unsere eigenen.

Gewiss sind wir nach Christus benannt, nicht, weil er uns ferne ist, sondern weil er in uns wohnt; das heißt, weil wir an ihn glauben und einander Christus sind und an unserem Nächsten tun, wie Christus an uns tut.

Martin Luther[1]

Der Mensch, den Gott zu sich genommen hat, verurteilt und zu einem neuen Leben auferweckt, der ist Jesus Christus. In ihm ist es die ganze Menschheit. Wir selbst sind es.

Dietrich Bonhoeffer

7

Did You Come Here To Play Jesus?

Brad Jersak

„Did You Come Here To Play Jesus? I did."

Bono

Sie verbrachten einige Zeit in Jericho. Als Jesus die Stadt verließ, begleitet von seinen Jüngern und einer ganzen Schar von Menschen, saß ein blinder Bettler am Straßenrand, Bartimäus, Sohn des Timäus. Als er mitbekam, dass Jesus der Nazarener des Weges kam, fing er an zu rufen: „Jesus, Sohn Davids, erbarme dich meiner!" Jesus machte auf dem Weg Halt. „Ruft ihn her!" Und so riefen sie ihn. „Das ist dein Glückstag. Steh auf, er ruft dich!" Im Nu war er auf den Beinen, warf seinen Umhang ab und kam zu Jesus. Jesus fragte ihn: „Was kann ich für dich tun?" Der Blinde antwortete: „Rabbi, ich möchte sehen können." „Das liegt an dir", antwortete Jesus. „Dein Glaube hat dich gerettet und geheilt." Umgehend erlangte er sein Augenlicht wieder und folgte Jesus auf seinem Weg. (Mk. 10,46-52, nach *The Message*)

Die Erwartung, die in der Luft lag, war zu spüren, es fühlte sich buchstäblich feucht an. Mike Stewart, ein Freund von mir, der auch Pastor war, und ich warteten, dass das Konzert anfing.

U2 und ihre *Vertigo*-Tour waren in Vancouver eingefallen, und wir standen bereit, die Band zusammen mit den Menschenmassen willkommen zu heißen. Unsere Plätze sagten mir nicht zu, doch statt darüber zu murren, entschied ich mich, in der Halle lieber nach Jesus Ausschau zu halten. Mit Augen des Glaubens war er vielleicht irgendwo hoch oben auf einem der oberen Ränge zu erkennen, voller Vorfreude auf den Lobpreis, den er an diesem Abend entgegennehmen könnte. Auch vernahm ich sein Reden in meinem Herzen: „Achte auf Bono! Er und ich werden an einem Punkt heute Abend austauschbar sein." Ich runzelte die Stirn. Wurde das, was ich in mir hörte, durch meine Liebe zu der Band und ihrem Frontmann verzerrt? Auf jeden Fall empfand ich dort die Gegenwart Gottes so stark, dass ich an Mike gewandt sagte: „Es ist solch eine Energie hier im Saal. Ich wette, wenn Bono sagen würde: ‚Sei geheilt!', würden zehn Leute geheilt. Du wirst sehen."

Das Konzert nahm seinen Lauf und Mike und ich sangen uns die Lunge aus dem Leib. Viele der Lieder waren direkt Gebete oder moderne Psalmen. Schmerzlich vermisst auf der Songliste wurde an dem Abend *Yahweh*, in dem sich Bono selbst zum Dienst für Gott anbietet. In der Bildsprache des 21. Jahrhunderts gibt der Text das wieder, was die alte Weihe-Hymne schon früher ausdrückte: *„Nimm mein Leben, Jesus, dir übergeb ich's für und für."*

In seiner zeitgenössischen Version bietet Bono Gott seine Schuhe, sein Hemd und seine Seele an, in dem Bewusstsein, dass die Gnade ihr Werk tun muss, um ihn für den Dienst passend zu machen und zu reinigen. Er bietet ihm seine Hände dar, die sich so leicht zu Fäusten ballen. Er weiht seinen Mund – der „so schnell kritisiert" – und fleht um den Kuss, der seinen Mund mit Gutem füllt. Dann endet er mit einer Bitte:

What no man can own, no man can take
Take this heart, take this heart,
Take this heart, and make it break.

Was kein Mensch besitzen kann, kann kein Mensch nehmen.
Nimm dieses Herz, nimm dieses Herz,
nimm dieses Herz und mach, dass es zerbricht.

Das hat er schon getan und das wird er tun, Bono. Und das ist nicht einfach ein Christus-Komplex oder Größenwahn. Gott hat uns wirklich berufen, für andere „Jesus zu sein". In dieser Welt seine Hände, seine Stimme, sein Herz zu sein. Und tatsächlich, an jenem Abend sah ich es mit eigenen Augen …

Während des Konzerts bemerkte ich irgendwo vorne eine Unruhe. Jemand hatte eine Frau im Rollstuhl durch die Menge nach vorne an den Bühnenrand geschoben. Sie hielt ein großes Plakat in den Händen, das sie in Richtung Bühne schwenkte. Von einem Fan hinter mir konnte ich mir ein Opernglas leihen, und ich hatte einen guten Blickwinkel, um die Aufschrift sehen zu können. In dicken Blockbuchstaben war zu lesen:

WENN ICH DIESEN ROLLSTUHL STEHEN LASSE – WÜRDEST DU MIT MIR TANZEN?

Bono bemerkte sie, stoppte abrupt und sagte: „Werbung lohnt sich." Dann streckte er seine Hand aus. Leute aus dem Publikum nahmen die Frau und hoben sie aus dem Rollstuhl über den Bühnenrand. Bono zog sie hoch und für einen kurzen Moment tanzten sie. Es wirkte ungelenk, sie war wackelig – aber sie tanzten. Die Jacke, die um ihre Hüften geknotet war, löste sich und fiel zu Boden, Bono bückte sich und wickelte sie ihr wieder um. Dann schritt sie die Bühne hinunter und Bono schien die Freundin, die sie gebracht hatte, herbeizuwinken. Auch sie wurde auf die Bühne gelassen, wo sie einen Moment lang tanzte.

Verblüfft schauten Mike und ich uns an. Mein erster Gedanke war: *Ist das hier real?* Und dann: *Das kann kein Schwindel sein – ihr Tanz wirkte zu unbeholfen. Und selbst wenn ... Was für ein Glaube, als Bono seine Hand ausstreckte!* Dann musste ich lachen. *Wenn das hier alles wirklich ist, wie wird Bono dann mit dem Makel klarkommen, ein Glaubensheiler zu sein?*

Wie üblich, beendete die Band diesen Abend damit, das ganze Stadion mit einer Stimme und *a capella* Psalm 40 singen zu lassen, Davids messianisches Gebet. In der Bibel sind uns die ersten Verse dieses Psalms so überliefert:

Geduldig hoffte ich auf die Hilfe des Herrn,
und er wandte sich mir zu und hörte mein Schreien.
Er rettete mich aus dem Sumpf der Verzweiflung,
aus Matsch und Schlamm.
Er stellte mich auf festen Boden
und gab meinen Füßen festen Halt.
Er legte mir ein neues Lied in meinen Mund,
mit dem ich unseren Gott loben kann.
Viele werden sehen, was er getan hat, und darüber staunen.
Sie werden dem Herrn vertrauen.

Alle zusammen sangen wir dann U2s Refrain:

And I will sing, sing a new song. I will sing, sing a new song.

An Mike gewandt fragte ich: „Wie hat er das gemacht? An die 20.000 Menschen kommen zusammen, die meisten würden schon bei dem Gedanken, eine Kirche betreten zu sollen, einen Horror kriegen. Und diese Jungs haben sie gerade mit den Engeln singen lassen."

Mike erwiderte: „Das ist ihre Gabe. Sie können uns ein Gebet ins Herz pflanzen – *in jedermanns Herz*."

***

Ich bin Augenzeuge sowohl von genügend medizinisch belegten Heilungswundern als auch von dummer Trickserei gewesen, sodass ich weder ungläubig noch leichtgläubig bin. Auch bin ich nicht versessen darauf, Glaubensdinge beweisen zu müssen, aber doch ...

In der Hoffnung auf eine entsprechende Bestätigung machte ich meine Freundin Pam ausfindig, die bezeugen konnte, dass die geheilte Frau vor der Show vom Parkplatz hineingeschoben worden war. Sie schien wirklich an den Rollstuhl gefesselt. Später erzählte uns noch Simon, eines von Mikes Gemeindegliedern, dass er nach dem Konzert noch die Möglichkeit gehabt hatte, die Frau zu treffen. Natürlich stand sie dort ohne Rollstuhl und behauptete: „Es ist wahr! Keiner glaubt mir, aber es ist wirklich so."

Wahrheit oder Legende? Für mich lautet die bessere Frage so: „Ist es mir möglich zu glauben, dass der Christus der Evangelien gestern, heute und auf ewig derselbe ist? Ist er immer noch dabei, mittendrin innezuhalten, den Geringsten wahrzunehmen und seine Hand zur Heilung auszustrecken? Könnte er das durch Bono tun? Würde er es tun? Könnte er es durch mich tun? Würde er es durch Sie tun?"

Eines weiß ich: „*He came to play Jesus ...*" – und tat es.

8

Franziskus, der Heiler

Als Christi wahrer Jünger, unser lieber Herr Sankt Franziskus, in diesem elenden Leben ging, bemühte er sich mit seiner ganzen Kraft, Christum als vollkommenem Meister zu folgen; und deswegen geschah es des Öfteren durch göttliche Wirksamkeit, dass Gott der Herr demjenigen, dem er den Körper heilte, in der gleichen Stunde die Seele heilte, wie man auch von Christo liest.

Und da er nicht bloß selber willig den Aussätzigen diente, sondern außerdem geboten hatte, es sollten die Brüder seines Ordens, wo sie in der Welt gingen oder stünden, den Aussätzigen dienen durch die Liebe Christi, als dem, der für uns wollte aussätzig erachtet werden, geschah es einmal also: An einem Orte, nahe bei demjenigen, wo damals Sankt Franziskus verweilte, dienten die Brüder im Spital den Aussätzigen und den Kranken, und darinnen lag ein Aussätziger, so ungeduldig und so unverträglich und ungefügig, dass man für sicher hielt, und es war auch so, er wäre besessen vom bösen Geist; denn er misshandelte mit garstigen Worten und mit Schlägen alle, die ihm dienten; und was schlimmer ist, so lästerte er in schimpflicher Weise Christus den Gepriesenen und seine allerheiligste Mutter, die Jungfrau Maria. Und so fand sich also niemand, der ihm hätte dienen können oder wollen.

Und obschon die Brüder bemüht waren, die eigenen Beleidigungen und Grobheiten geduldig zu tragen, um den Verdienst der Geduld zu mehren; so konnte ihr Gewissen aber nicht ertragen, was Christo und seiner Mutter geschah; sie beschlossen daher, besagten Aussätzigen zu verlassen; doch gedachten sie es nicht zu tun, bevor sie es nach der Ordnung Sankt Franzisko angezeigt hätten, der sich damals in einem nahe gelegenen Kloster aufhielt.

Und als sie es ihm angezeigt hatten, geht der gute Sankt Franziskus hin zu jenem ungefügigen Aussätzigen; und da er zu ihm kommt, grüßt er ihn und sagt:

„Gott gebe dir Frieden, mein allerliebster Bruder."

Widersetzt sich der Aussätzige:

„Was für Frieden kann ich von Gott gewinnen, der mir den Frieden genommen hat und jegliches Gut, und hat mich ganz faul und stinkend gemacht?"

Und Sankt Franziskus sagte:

„Mein Sohn, habe Geduld. Bedenke, die Schwachheiten des Leibes werden uns in dieser Welt von Gott gegeben zum Heile der Seele, da sie von großem Verdienst sind, so sie geduldig getragen werden."

Antwortet der Kranke:

„Und wie mag ich geduldig die beständige Pein tragen, die mich beschwert Nacht und Tag? Und ich bin nicht bloß beschwert von meinem Kranksein; viel schlimmer sind die Brüder, die du mir gegeben hast, damit sie mir dienten, und mir nicht dienen, wie sie sollen."

Da merkte Sankt Franziskus durch Gottes Offenbarung, dass dieser Aussätzige vom bösen Geist besessen war, und ging hin und begann zu beten und bat Gott den Herrn andächtig für ihn. Und nach getanem Beten kehrt er wieder zu ihm und spricht:

„Mein Sohn, ich will dir selber dienen, da du mit den andern nicht zufrieden bist."

Spricht der Kranke:

„Solches gefällt mir wohl; aber was wirst du mir mehr tun können als die andern?"

Antwortet Sankt Franziskus:

„Was immer du begehrst, will ich tun."

Spricht der Aussätzige:

„Ich will, dass du mich wäschst ganz und gar, da ich so übel stinke, dass ich mich selber nicht ertragen kann."

Da hieß Sankt Franziskus sofort Wasser wärmen mit vielen wohlriechenden Kräutern; dann zieht er ihn aus und beginnt ihn zu waschen mit seinen Händen, und ein anderer Bruder reicht das Wasser. Und durch Gottes Wunder, wo Sankt Franziskus ihn mit seinen heiligen Händen berührte, verging der Aussatz, und das Fleisch wurde vollkommen gesund. Und genau so, wie das Fleisch begann zu heilen, so begann auch die Seele zu gesunden. Als der Aussätzige sah, dass er anfing zu genesen, wurde er ganz zerknirscht und bereute seine Sünden; und er begann bitterlichst zu weinen, so dass, während der Leib auswendig durch Waschung des Wassers vom Aussatz rein wurde, die Seele sich innerlich von der Sünde reinigte durch Besserung und durch Tränen. Und nachdem er völlig genesen, sowohl am Körper als auch an der Seele, bekannte er sich demütig schuldig und sprach weinend mit lauter Stimme:

„Weh über mich! Ich verdiene die Hölle wegen der Unbilden und Schmähungen, die ich den Brüdern getan und gesagt, und für die Ungeduld und Lästerung, die ich gegen Gott geübt habe"; er blieb danach vierzehn Tage lang in bitterem Weinen über seinen Sünden und im Flehen um Erbarmen bei Gott, und beichtete dem Priester alles. Und der liebe heilige Franziskus, da er solch deutliches Wunder sah, das Gott der Herr durch seine Hände gewirkt hatte, sagte Gott Dank und schied von dannen, und ging in fern entlegene Länder, denn er war demütig und wollte jeglichem Ruhm entfliehen und suchte in jeglichem Tun bloß die Ehre und den Ruhm Gottes und nicht seinen eigenen.

Danach, wie es Gott gefiel, bekam besagter Aussätziger, an Leib und Seele genesen, nach vierzehn Tagen seiner Buße eine andere Krankheit; und wohl gerüstet mit den kirchlichen Sakramenten, starb er heiligmäßig. Und da seine Seele ins Paradies fuhr, erschien sie in den Lüften dem heiligen Franziskus, der in einem Walde betete, und sie sprach zu ihm:

„Kennst du mich?"

Sprach Sankt Franziskus:

„Wer bist du?"

„Ich bin der Aussätzige, den Christus der Gesegnete durch deine Verdienste geheilt hat, und heute gehe ich ein zum ewigen Leben; dafür sage ich Gott und dir Dank. Gesegnet sei deine Seele und dein Leib, und gesegnet deine heiligen Worte und deine Werke, denn durch dich sind viele Seelen in der Welt selig; und wisse, dass kein Tag in der Welt ist, an welchem die heiligen Engel und die andern Heiligen Gott nicht Dank sagen für die heiligen Früchte, die du und dein heiliger Orden in unterschiedlichen Teilen der Welt tragt. Und deswegen sollst du getrost sein und Gott dem Herrn danken und von ihm gesegnet bleiben."

Und nach diesen Worten fuhr er von dannen zum Himmel, und Sankt Franziskus war sehr getröstet.[1]

9

Engelsgewand

Irene Jersak

Ich wuchs als achtes von neun Kindern auf einer Farm etwa 20 Kilometer von Ashern, Manitoba, in Kanada auf. Obwohl meine Eltern sehr schwer arbeiteten, hatten wir nicht viel, und besonders im Winter konnte es hart sein.

Es war im Dezember, ich war sechs, als unsere kleine Dorfschule ein Weihnachtskonzert plante. Der Lehrer sagte mir, dass ich einer der Engel sein sollte. Ich wäre bestimmt sehr glücklich gewesen, wenn mir der Lehrer nicht mitgeteilt hätte, dass ich als Kostüm ein bis zu den Füßen reichendes Nachthemd benötigen würde. Mir war ganz elend, weil ich nichts dergleichen besaß und weil ich wusste, dass ich meine Eltern damit nicht belasten durfte, dass ich sie darum bat. Ich brachte es nicht übers Herz, mit jemandem darüber zu reden, und so wurde ich davon ganz krank. Die Tage und die Proben verstrichen, aber eine Lösung war nicht in Sicht. Ein oder zwei Tage vor dem Konzert spannte mein Vater die Pferde vor den Wagen und fuhr in die Stadt, um Besorgungen zu machen. Als er zurückkam, hatte er für die Familie eine Überraschung. Er war ins Postamt gegangen, wo er ein unerwartetes Paket vorfand. Drin war eine Kleidergabe für jedes der Kinder, wie angegossen in jeder passenden Größe, für Alter und Geschlecht. Als ich an die Reihe kam, gab es ein wunderschönes weißes Flanellnachthemd! Es war wie neu, mit drei kleinen Perlen als Knöpfe und mit einer Passe vorn und hinten. Es war ein langes Nachthemd und reichte mir bis zu den Füßen, an Säumen und Bündchen mit Rüschen versehen.

Ungläubig stand ich da. Dann probierte ich es an. Perfekt! Ich fühlte mich wirklich wie ein wunderschöner Engel. Beim Konzert kam ich mir vor wie eine kleine Prinzessin! Doch wo kam es her? Wer hatte davon wissen können?

***

Sechs Monate zuvor, im Sommer, hatte ein grauer Lieferwagen auf dem Hof gehalten. Zwei anglikanische Schwestern in grauer Tracht kamen zu Besuch und meine Mutter lud sie zum Essen ein. Während die Damen mit uns aßen, musterten sie still ein jedes von uns Kindern, schätzten unsere Bedürfnisse ein und überschlugen im Kopf unser Alter und Größe. Nach dem Abendessen winkten sie uns zum Abschied zu und verschwanden wieder. Vielleicht war ich in dieser Geschichte nicht der einzige Engel …

10

Jenni spielt Jesus

Jenni Kornell

Ist nicht vielmehr das ein Fasten, an dem ich Gefallen habe:
ungerechte Fesseln lösen, die Knoten des Jochs zu öffnen,
gewalttätig Behandelte als Freie zu entlassen und dass ihr
jedes Joch zerbrecht?

Jesaja 58,6

Es ist nicht gerade so, dass ich das geplant hätte. Ich bin
nicht am Morgen aufgewacht mit dem Entschluss, es an diesem
Tag mit dem größten Übel aufzunehmen, das ich mir überhaupt
vorstellen konnte. An und für sich war es einfach nur ein neuer
Tag, doch dann geschah etwas, was mein Leben veränderte,
indem mir gezeigt wurde, wozu ich berufen war.

Selbst für diese Stadt in Südostasien, in der ich arbeitete,
war es ein außergewöhnlich warmer Abend. Ich hatte meine
Unterlagen dabei und wollte mich ins klimatisierte *Starbucks*
setzen, um den Unterricht für die Klassen, in denen ich Englisch
lehrte, vorzubereiten. Ich stellte mein kleines Motorrad am Straßenrand ab und machte mich durch die geschäftige Straße auf in
Richtung Coffeeshop. Die Straße war mir sehr vertraut und ich
kannte viele der Menschen, die dort entlang der Bürgersteige
ihren Geschäften nachgingen. Oft lächelten sie mich an, riefen
„Hallo", auch dieser Tag bildete da keine Ausnahme.

Ich blieb stehen, um den Verkehr zu checken, bevor ich mich traute, die Straße zu überqueren. Während ich kurz innehielt, bemerkte ich einen älteren Mann mit einem kleinen Mädchen. Schon oft zuvor hatte ich derartige Szenen gesehen, Kinder, die Ausländern Rosen anboten und die diese dann aus Mitleid manchmal kauften. Oft hatte ich diesen Kindern Blumen abgekauft. Doch ich konnte nicht erkennen, dass dieses Kind Blumen oder irgendetwas anderes anzubieten hatte.

Ich überquerte die Straße, die Augen immer auf diesen unnatürlichen Tauschhandel gerichtet. Ich war nah genug dran, um zu sehen, wie der Mann dem Mädchen 20 Dollar zusteckte. Dann nahm er sie bei der Hand und führte sie die Straße hinunter. Als ich näher kam, konnte ich ihn mit starkem englischen Akzent mit ihr reden hören, konnte schon den Geruch seiner Zigarette wahrnehmen. Als sie sich vom Stadtzentrum fortbewegten, entschied ich mich, ihnen zu folgen. Ich hatte keine Ahnung, was ich da tat, doch ging ich ihnen nach.

Als sie an eine Straße kamen, wo Autos parken konnten, ließ er das Mädchen los, um sich in die Hosentasche zu greifen. In dem Moment schnappte ich mir das Mädchen, warf sie mir über die Schulter und lief die Straße zurück, hin in die Sicherheit der hellen Lichter und der vertrauten Gesichter. Für einen Beobachter muss das Ganze etwas Komisches gehabt haben, aber seien Sie versichert: Ich war entsetzt und erschrocken, ohne Vorstellung, was ich als Nächstes tun würde.

Ich bemerkte einen Ladenbesitzer, bei dem ich oft eingekauft hatte, und rannte in seinen Laden. Ich ließ das Mädchen bei ihm, ging zurück auf die Straße, um dann in das Gesicht eines *sehr wütenden* Europäers zu sehen. Er brüllte herum, er sei ein Freund der Mutter des Mädchens, ich würde einen großen Fehler machen, und drohte mir. Ich stand nur da und ließ es über mich ergehen. Dann griff ich langsam in die Tasche, zog mein Kamerahandy heraus, machte ein Foto von seinem Gesicht und sagte: „Das werde ich an Ihre Botschaft schicken." Daraufhin ließ er von mir ab, doch während er sich trollte, schimpfte er vor sich hin, was auch die Umstehenden mitbekamen, die von der Szene angezogen worden waren und die die Konfrontation beobachtet hatten. Die meisten von ihnen sprachen kein Englisch, darum zerstreuten sie sich schnell wieder. Ich weiß nicht, was sie dachten, wovon sie gerade Zeugen geworden waren, doch bin ich mir ziemlich sicher, dass sie annahmen, für Weiße sei es normal, sich auf derart befremdliche Weise zu benehmen.

In dem Moment schaute ich an mir runter und sah meine neue kleine Freundin neben mir. Mir wurde bewusst, dass ich keinen Plan hatte, keine Idee, was ich, eine alleinstehende junge Englischlehrerin in Südostasien, mit einer Sechsjährigen anfangen sollte.

Ich sah auf die Uhr. Acht Uhr abends. Ich plauderte ein wenig mit dem Mädchen und fand heraus, dass sie einen Platz zum Übernachten brauchte. Wohl wissend, dass das keine Dauerlösung sein konnte, entschloss ich mich, sie mit nach Hause zu nehmen und am nächsten Tag einen besseren Plan zu fassen. Ich machte mich daran, mein Motorrad anzulassen, als sie mich am Ärmel zupfte. Ich wandte mich ihr zu und sie erzählte mir, dass sie eine kleine Schwester habe. Wir ließen das Motorrad wieder stehen und sie führte mich in eine nahe gelegene Straße. Da war sie. Sie stand vor einem dieser „Massagesalons", eine niedliche Vierjährige, deren Augen vor Müdigkeit immer wieder zufielen und deren Kleidung vom ständigen Herumlungern auf der Straße dreckig war. Hatte ich eine Wahl? Sie wirkte so verletzlich. Als ich mit ihr sprach, kam sie, legte ihre kleinen Ärmchen um mich und ließ sich von mir zu meinem Motorrad tragen.

Mittlerweile war es neun, und ich hatte zwei Kinder bei mir, von denen ich nicht wusste, was ich mit ihnen anfangen sollte. Wieder versuchten wir, Downtown zu verlassen, als ich ein Zupfen an meinem Ärmel verspürte. Schon klar: Ganz bestimmt gab es noch eine weitere Schwester, die mit uns kommen müsste.

Meine zwei neuen Freundinnen führten mich zu einem heruntergekommenen Haus, von dem ich später erfuhr, dass es ein bekanntes Bordell beherbergte. Ich ging hinein und fragte nach dem Mädchen, woraufhin sie herauskam und mit ihren Schwestern sprach. Der Anblick dieser drei Geschwister, wie sie so miteinander redeten, allesamt verzweifelt und so verletzlich, weckte in mir den Beschützerinstinkt. Ich bin mir sicher, dass Eltern auf diese Weise im Blick auf ihre eigenen Kinder empfinden. Es war mir klar, dass ich jetzt nicht einfach weggehen konnte. Es war, als hätte sich ein unsichtbares Band um uns gelegt. Alles geschah so schnell, doch spürte ich, dass ich jetzt irgendwie für sie verantwortlich war.

Als die Älteste der Schwestern, ein verwahrlostes, vierzehnjähriges Kind, mich fragte, ob es in Ordnung sei, wenn sie ihren Sohn mitbrächte, war ich ungelogen ganz ruhig und entspannt, ja, ich lachte, als ich ihr versicherte, dass ihr Sohn mehr als willkommen sei.

Da waren wir also: eine Vierjährige, eine Sechsjährige, eine Vierzehnjährige, ein vier Monate alter Säugling und eine neunundzwanzigjährige Weiße. Keiner von uns wusste auch nur ansatzweise, was da gerade mit uns geschehen war oder welche Veränderung das für unser Leben mit sich bringen würde, doch egal: Wir machten einfach weiter.

Für die nächsten Tage wurden die beiden kleinen Mädchen in einem Heim untergebracht, wo man sich um sie kümmerte, von wo aus sie zur Schule gehen und wo sie mit Kindern im gleichen Alter spielen konnten, zudem wurden sie dort auch psychologisch betreut. Die Vierzehnjährige und ihr Sohn blieben bei mir. Sie fing an, Lesen und Schreiben zu lernen und erlangte einige brauchbare Fertigkeiten beim Nähen und Gärtnern. Zudem bekam sie Anleitung, ihrem Jungen eine gute Mutter und Versorgerin zu sein.

Der Grund, warum ich mich in Südostasien aufhielt, änderte sich in den kommenden Monaten. Schließlich quittierte ich meinen Dienst als Lehrerin und fand eine Örtlichkeit, an der mehr als nur wir paar Leute unterkommen konnten. Ein Freund, der bei einer Nichtregierungsorganisation arbeitete, nahm sich des Projekts an, indem er unschätzbare Hilfe im Bereich Finanzen und anderer Unterstützung vermittelte. Ich suchte Einrichtungen vor Ort und in der Gegend, die eine ähnliche Arbeit machten, und profitierte von deren Erfahrung und Sachkenntnis. Zudem stürzte ich mich auf das Lernen der Sprache, damit ich besser mit den Kindern und jungen Frauen, mit denen ich mich jetzt regelmäßig traf, kommunizieren konnte.

Wenn ich diese Geschichte erzähle, werden mir immer zwei Fragen gestellt: „Hattest du keine Angst?" und „Wie ging es mit den Mädchen weiter?" Die beiden Jüngsten leben immer noch im Heim und um sie wird sich gut gekümmert. Die Vierzehnjährige ist ins Bordell zurückgekehrt, sie hält aber Kontakt zu uns. Sie möchte da gerne raus, weiß aber, dass sie dort mehr Geld machen kann als sonstwo. Ihr Sohn wird auf dem Dorf von seiner Großmutter versorgt. Das ist kein Idealzustand, nicht mal annähernd, doch ist es die Realität, mit der sich die Helfer an der Front täglich konfrontiert sehen.

Und zur anderen Frage: Ja, ich hatte Angst. Ich hatte entsetzliche Angst, jedoch nicht um mich. Mich erschütterte der Gedanke, was wohl mit den Mädchen geschehen wäre, wenn ich nicht eingegriffen hätte. In dem Moment vergaß ich alles, was für mich wichtig sein könnte, und schaute einen Moment in das Herz Gottes, was er für diese Mädchen empfand. Da begriff ich, dass er ein Gott ist, der von uns erwartet, auf die

Nöte um uns zu reagieren, ein Gott, der nicht wollte, dass diesen Mädchen auch nur eine Nacht länger Schaden zugefügt würde, ein Gott, der mein Handeln erwartete. Einfach wegzugehen war für mich keine Option. Es ist für niemanden eine Option.

11

Mercy

Darla Faulkner

Die nachfolgende Geschichte ist der wahre Bericht über eine meiner Erfahrungen in der Arbeit mit „diesen Geringsten" in Afrika. Um die Identität des Kindes, um das es dabei geht, zu schützen, werden das Land und die Organisation nicht namentlich genannt.

Im Jahr 2002 zog ich nach Afrika, um als Leiterin eines Heims für HIV/Aids-infizierte Kinder zu arbeiten. Während dieser Zeit erlebte ich manche Herausforderung und manchen Schmerz angesichts der Verwüstungen, die die HIV/Aids-Pandemie diesem Kontinent zufügt. Es war schwer, Tag für Tag inmitten von so viel Schmerz und menschlichem Leid zu arbeiten. Würde ich das anders schildern, ergäbe das nicht das wahre Bild. Der Zorn, die Frustration und die Verzweiflung, die ich immer verspürte, wenn ich wieder ein sterbendes Kind in den Armen hielt, werden nicht so schnell vergessen sein. Und doch fanden sich inmitten dieses Schmerzes viele Augenblicke der Freude, Augenblicke, in denen mir klar wurde, dass die Gesundheit und die Würde eines Kindes wider alle Wahrscheinlichkeit wiederhergestellt wurde. Mercy war eines dieser Kinder. Hier ist ihre Geschichte …

Mercy wuchs in einer Ansammlung von Hütten auf, ohne Strom und fließendes Wasser, oft gab es tagelang nichts zu essen. Weil die Eltern nicht genug Geld hatten, sie zur Schule zu schicken, verbrachte sie ihre Tage zumeist bettelnd auf dem Marktplatz.

Gerade mal fünf, verlor sie beide Eltern an Aids. Als ob der Schmerz und das Leid, das ihr die Armut, die Unterernährung und der Verlust der Eltern zugefügt hatten, nicht schon genug gewesen wären, wurde Mercy auch noch von den Menschen in ihrem Umfeld geschnitten und schließlich von einem missbrauchenden Angehörigen aufgenommen. Bevor sie freikam, durchlitt Mercy vier lange Jahre der Misshandlung und des sexuellen Missbrauchs durch die Hand des Verwandten.

Als unsere Organisation von Mercys schlimmer Situation erfuhr, gab es für niemanden auch nur den leisesten Zweifel: Wir mussten einschreiten. Nachdem wir dem Polizeirevier und der örtlichen Fürsorge einen Besuch abgestattet hatten, wurde Mercy aus ihrem quälenden Umfeld erlöst und in unser Kinderheim gebracht; dort erhielt sie die nötige medizinische Versorgung und Beratung. Wie bei den meisten der Kinder, die in unser Heim kamen, wurden auch bei Mercy Unterernährung, Unterentwicklung und diverse Geschlechtskrankheiten festgestellt. Obwohl mir diese Diagnose schon häufig begegnet war, schlug sie mir immer noch schwer auf den Magen. Zu wissen, welchen schlimmen Missbrauch Mercy erlitten hatte, machte mich ganz krank. Wieder einmal stritten in mir die unterschiedlichsten Gefühle. Ich war zornig und frustriert, dass der Verwandte von Mercy auch nicht nur einen Tag hinter Gittern verbringen musste. Jede der Ungerechtigkeiten, die Mercy in ihrem jungen Leben hatte erleiden müssen, machte mich wütend. Wieder einmal fühlte ich mich innerlich aufgewühlt und verletzt.

Sechs Monate später, nach einer ausgewogenen Ernährung, Beratung, guter medizinischer Versorgung und Schulbesuch, war Mercy auf gutem Weg, ihre Gesundheit und Würde wiederhergestellt zu sehen.

Ein Jahr nachdem wir Mercy in unser Kinderheim aufgenommen hatten, wurden wir angefragt, Gastgeber für ein feierliches Essen zu sein, an dem die Frau des Vizepräsidenten des Landes, unser Bürgermeister und lokale Pressevertreter teilnehmen sollten. Eine Woche vor dem Anlass fragte mich Mercy, ob sie ein kleines Stück für unsere geschätzten Gäste schreiben und mit einigen anderen Kindern aufführen dürfe. Auf meine Nachfrage, worum es in dem Stück gehen sollte, entgegnete sie, dass das nicht nur für die Ehrengäste, sondern auch für mich eine Überraschung sein sollte. Ich muss zugeben, dass ich nur äußerst zögerlich die Erlaubnis gab, vor Repräsentanten unseres Landes ein Stück aufführen zu lassen, das ich nicht einmal vorher begutachtet hatte, doch etwas widerstrebend willigte ich ein.

Am Tag der Aufführung waren Mercy und die anderen Kinder extrem aufgeregt. Sie hatten die ganze Woche über geprobt und waren sich sicher, dass das Stück großartig sein würde. Ich weiß noch gut, wie aufgeregt ich war, als ich neben der Frau des Vizepräsidenten und dem Bürgermeister Platz nahm, als die Vorführung beginnen sollte. Die Aufregung galt zunächst den Kindern, die die Gelegenheit hatten, die ungeteilte Aufmerksamkeit von einigen der Spitzenvertreter unseres Landes zu bekommen, doch war ich auch nervös, wenn ich an den Inhalt des Stücks dachte. War den Kindern wirklich klar, vor wem sie da spielten?

Während ich der Entwicklung des Stücks folgte, war ich völlig geschockt. Das Stück, das Mercy geschrieben hatte, handelte von einem Mann, der zu viel Bier trank und der seine Frau betrog. Sowohl mit seiner eigenen als auch mit anderen

Frauen hatte der Mann etliche Kinder. Schließlich steckte er sich mit Aids an und infizierte auch seine und die anderen Frauen. In der Schlussszene starben der Mann und die Frauen, die Kinder blieben als Waisen zurück.

Nach dem Ende des eigentlichen Stücks stand Mercy mitten auf der Bühne und sprach mit fester Stimme zum Publikum: „Ihr Erwachsenen meint, ihr könntet tun, was ihr wollt, und es würde eure Kinder nicht berühren, doch damit liegt ihr falsch. So dachten auch unsere Eltern – und jetzt sind sie tot. Sie starben an Aids, und eines Tages werden auch wir sterben, weil sie es an uns weitergegeben haben. Wacht auf! In diesem Land gibt es nicht genug Kinderheime, um sich um eure Kinder zu kümmern, wenn ihr tot seid! Danke, dass ihr zu unserer Aufführung gekommen seid."

Während sich die Kinder verneigten und lachend von der Bühne liefen, saß die komplette Zuschauerschaft völlig regungslos da, Tränen liefen über die Gesichter. Nachdem ich den anfänglichen Schock überwunden hatte, eine Zehnjährige dabei beobachtet zu haben, wie sie die Führer einer Nation tadelte, begann der Inhalt des Stücks und des Tadels langsam in mir zu wirken. Ohne falsche Schuldgefühle hatte Mercy die Stärke bewiesen, dem Land ihre Geschichte zu erzählen. Sie benutzte den Schmerz und das Leiden ihrer Vergangenheit, um die Zukunft ihres Landes zu beeinflussen. Niemals zuvor war ich auf jemanden derart stolz gewesen – und niemals zuvor hatte ich mich so gedemütigt gefühlt.

Mercy zu kennen hat mein Leben für alle Zeiten verändert. Ihre Geschichte war mir Herausforderung, den Schmerz und das Leid meiner Vergangenheit als ein mächtiges Werkzeug zur Beeinflussung der Zukunft zu benutzen. Sie hat mich die Wichtigkeit gelehrt, für das, woran ich glaube, aufzustehen, und, noch wesentlicher, mich nicht dafür zu entschuldigen, wer ich bin und woher ich komme.

Wenn ich diese Geschichte erzähle, werde ich oft mit zwei Fragen konfrontiert: Was ist mit den Millionen anderer Kinder dort draußen? Wir können uns immer nur um 35 Kinder zur gleichen Zeit kümmern. Wenn man sich die Statistiken anschaut, ist das nur ein Tropfen auf den heißen Stein, warum sich also überhaupt mühen?

Die Antwort auf diese Fragen lautet: Die HIV/Aids-Pandemie schwappt mit erschreckender Intensität über den afrikanischen Kontinent, und sie betrifft Millionen unschuldiger Kinder, Kinder wie Mercy. Indem die Sterblichkeitsrate der Erwachsenen steigt und die Zahl der Waisen wächst, sieht sich die Welt mit der eindrucksvollen Chance konfrontiert, die Nackten zu kleiden, den Hungernden zu essen zu geben und sich um die Kranken zu kümmern. Auch wenn die wirtschaftlichen und sozialen Folgen dieser Pandemie überwältigend erscheinen, ist es möglich, „den Geringsten" in ihren Nöten zu begegnen. Es wird dann möglich, wenn wir die erdrückenden Statistiken niederreißen und den Zahlen Namen, Gesichter und Schicksale zuordnen. Wir *sollten* uns mühen, weil jeder Mensch, jedes Kind, ein Individuum ist, das im Ebenbild Gottes geschaffen wurde, und das genau wie Sie und ich Talente, Fähigkeiten und Persönlichkeit in sich trägt. Wenn wir in „diesen Geringsten" *Jesus sehen und ihnen Jesus sind*, dann ist es möglich, einen Unterschied zu machen. Wenn Mercy das einzige Kind gewesen sein sollte, dem ich helfen konnte, dann war es das wert. Ihre Geschichte forderte letztlich eine Nation heraus. Wer weiß, was das noch bewirken wird?

Teil 3

Jesus in den Geringsten begegnen

12

Trading My Sorrows

Brad Jersak

Als wenn *The Canopy* nicht schon lebendig genug wäre …
Dennoch nehme ich an, dass diejenigen, die dabei waren, nie
die Streiche von Meghan, einem autistischen Mädchen von
damals vielleicht acht Jahren, vergessen werden.

The Canopy ist eine sehr frische, der Kunst zugetane Gemeinde in Edmonton, Kanada. Ich war ein Wochenende als
Gastredner auf einer Konferenz zum Thema „Hörendes Gebet"
dort. Am Sonntagmorgen bereitete ich mich darauf vor, über
„Jesus in den anderen sehen" zu sprechen, als Meghan zu einer
lebendigen Illustration wurde.

Während wir einige Zeit Lobpreislieder sangen, mar-
schierte Meghan auf einmal nach vorne und fing an, vor der
Band zu tanzen. Sie brauchte die volle Bühnenbreite, um
ballerinagleich von der linken zur rechten Seite zu wirbeln.
Dann marschierte sie sehr feierlich im Stechschritt zurück
nach links. Dem folgte eine übermäßig aggressiv wirkende
Darbietung im Headbanger-Stil, wobei sie ihre Locken wie an
Windmühlenflügeln kreisen ließ. Das Ganze war durchsetzt
mit Einlagen, in denen sie sich auf die Knie warf und uns
Luftgitarren-Soli präsentierte. Als die Kraft schon nachließ,
querte sie die Bühne wiederum mit einer anderen Schrittfolge.

Sie schien die Menschenmenge überhaupt nicht wahrzunehmen, völlig in ihrer eigenen verborgenen Welt gefangen. Ich bin mir nicht sicher, ob die Versammlung wusste, was sie mit dieser Demonstration überbordender Freiheit anfangen sollte. Ich für meinen Teil war völlig gefesselt.

Eins, was ich über Autismus gelernt habe, ist, dass man von Zeit zu Zeit in die verborgene Welt eindringen kann, indem man das Kind oder den Erwachsenen nachahmt – und das schickte ich mich an zu tun. Was für ein Anblick, wenn auf einmal der Gastlehrer und das kleine Mädchen zusammen die ulkige *Anti*-Choreografie wiederholen – herumwirbeln, marschieren, zappeln. Spottet ruhig, aber schon König David sagte seinerzeit, nachdem er völlig selbstvergessen getanzt hatte: „Ich will noch geringer werden als jetzt!" (2. Sam. 6,22).

Tatsächlich nahm Meghan die Verbindung auf. Ein ganz flüchtiger Augenkontakt ihrerseits, und es machte „klick". Leider war dieser etwas untrainierte Prediger schnell am Schnaufen und Keuchen und hielt sich den pochenden Brustkorb. Ich atmete tief ein und krümmte mich, als die Musik wieder einsetzte. In dem Moment kam sie auf mich zu, fasste meinen Kopf und zog ihn so an sich heran, dass sich unsere Stirnen berührten. Dann sah sie mir in die Augen und verkündete begeistert: „Du warst in Schottland!" So machte sie weiter: „Hi, Schotte, Schotten-Mann, Schott, Schott, Schotte. Du warst in Schottland."

Ich war sprachlos. Was Meghan nicht wusste, nicht wissen konnte, war, dass ich gerade aus Schottland zurückgekehrt war. Tatsächlich war das gerade so lange her, dass ich mich noch von meinem Jetlag erholte. Jetzt besaß sie meine volle Aufmerksamkeit! Aber natürlich kehrte sie in ihre private Welt des Tanzes zurück und ließ mich stehen, damit ich die Bedeutung dessen, was sie da aus meinem erschöpften Schädel herausgezogen hatte, auseinanderklamüserte.

Sie tanzte noch eine Weile, hüpfte dann auf mich zu, diesmal in einer verstörenden Zeichensprache im Rhythmus der Musik gestikulierend. Sie wies mit ihrem Zeigefinger direkt auf mich und führte ihn dann mit dramatischer Geste, das Durchschneiden der Kehle andeutend, über ihren Hals, danach zeigte sie wieder auf mich. Ich fühlte mich so, als würde sie damit mein Ableben prophezeien – und weil ihre erste Offenbarung so exakt zutraf, zögerte ich, sie vorschnell abzutun (eine Lektion, die ich über Jahre „auf die harte Tour" gelernt hatte).

Meghans Großmutter, die sie an diesem Morgen zum Gottesdienst gebracht hatte, sah, was sich dort abspielte, und hastete nach vorne, um mich „zu erlösen".

„Lassen Sie sie mich wegbringen, sie ist autistisch."

„Unterstehen Sie sich!", brüllte ich gegen die Musik an. „Dies hat etwas zu bedeuten. Ich muss wissen, was sie mir zu sagen versucht."

Just in dem Moment sprach der Herr zu meinem Herzen etwas, das sich anhörte wie: „Wie dusselig bist du? Kapierst du nicht?" (Mt. 17,17). Was er sagte, war: „Du singst es!"

Und das stimmte. Ich hatte es nicht gecheckt. „Was meinst du?", fragte ich, und wieder sagte er: „Du singst es." Schließlich hatte ich doch mein Aha-Erlebnis. Während Meghan mit ihrem Gestikulieren weitermachte, wurde mir klar, dass ich, ohne über den Text nachzudenken, die ganze Zeit sang:

I'm trading my sorrows
I'm trading my shame
I'm laying them down for the joy of the Lord.

I'm trading my sickness
I'm trading my pain
I'm laying them down for the joy of the Lord.

Ich tausch meine Sorgen,
ich tausch meine Scham,
ich tausche sie ein gegen die Freude am Herrn.

Ich tausch meine Krankheit,
ich tausch meinen Schmerz,
ich tausche sie ein gegen die Freude am Herrn.

Während ich Meghan beobachtete, wie sie weitermachte, sah ich, dass sie mit dem Zeigefinger immer auf die Worte „Sorgen", „Scham", „Krankheit" und „Schmerz" zu zeigen schien, um ihnen dann mit der „Kehle-Durchschneiden"-Geste den Garaus zu machen. Ob sie das direkt hörte oder einfach nur ein Gefäß Gottes war: Ich konnte Jesus in ihr erkennen, der alle Müdigkeit, den Jetlag und die Krankheit aus meinem Körper hinauswies. Irgendwie befähigte er mich, diese Gabe zu empfangen und dann voller Vertrauen zu spüren, wie sie eingetauscht wurden gegen Freude, Gesundheit und Erfrischung. Mittels meiner neuen Freundin Meghan erneuerte Christus meinen Körper, meine Seele und meinen Geist binnen weniger Minuten.

Stellen Sie sich meine Freude vor, wie ich dann auf das kleine Mädchen zeigen konnte, als ich ihrer Gemeinde die gute Nachricht verkündete – einer Gemeinde, die es zulässt, dass behinderte Kinder vor dem Herrn tanzen dürfen, so, wie es Jesus sagte:

Darum, wenn jemand sich selbst erniedrigen wird wie dieses Kind, der ist der Größte im Reich der Himmel; und wenn jemand ein solches Kind aufnehmen wird in meinem Namen, nimmt er mich auf (Mt. 18,4-5).

13

Die Hüter des Buches

Brad Jersak

Eddie, Tom und Phil besuchen die Fresh Wind Christian Fellowship. *Jeder von ihnen besitzt eine einzigartige Hirtengabe. Obwohl es den Anschein hat, dass keiner lesen kann, lieben sie allesamt die Bibel. Wenn man sie anschaut, dann mögen einige an ihnen Down-Syndrom oder Autismus erkennen. Doch wir sehen Jesus.*

Pastor Eddie

Eddie ist Pastor in unserer Gemeinde. Treu sieht man ihn jeden Sonntagmorgen auf seinem Platz sitzen, zweite Reihe rechts. Aufgrund seiner Tai-Chi-ähnlichen Bewegungen und der ledergebundenen Bibel unterm Arm lässt er sich leicht ausmachen. Er steht gerne überraschend auf und erteilt den Schlusssegen, egal ob der Prediger meint fertig zu sein oder nicht.

Der Umstand, dass er das Down-Syndrom hat, war für uns kein Thema, denn sein Ruf als Hirte hat dieses Etikett verbleichen lassen. Ich erwähne es hier nur, um Menschen wie Eddie zu verteidigen, deren tiefe Weisheit und Geistlichkeit viel zu oft unterschätzt werden – welch ein Verlust für den Leib Christi.

Eddie

Eddie hat eine große Liebe zur Schrift. Er liest nicht wirklich, doch sagte man mir, dass er die Seiten genau ansieht und stundenlang akribisch Zeile für Zeile unterstreicht. Es scheint, als ob sein Geist, der schon immer voll funktionstüchtig war, den „Geist des Buches" förmlich einsaugt. Darum nehmen wir es sehr ernst, wenn er seine Bibel aufschlägt und auf einen Text zeigt, womit er sagen will, dass diese Passage der Versammlung vorgelesen werden soll. Diese Lesungen haben sich durchweg als ein Segen für uns erwiesen, insbesondere für mich.

An einem Sonntag war ich dafür eingeteilt, über das Thema „Gottes Herz für die Armen" zu predigen, doch war ich mir unsicher, ob ich dafür geeignet war. Ich hatte gerade zum ersten Mal ein Haus gekauft und mich damit in die ziemlich einschüchternde Welt der Hypotheken begeben. Hatte ich mich selbst kompromittiert und das Recht verwirkt, überhaupt zu den Armen zu sprechen? Was war aus dem „Pilgerdasein" geworden? So fragte ich den Herrn: „Wie kann ich darüber predigen? Ich bin mir sicher, dass du uns dieses Haus als Heim gegeben hast, und ich weiß um deine Fürsorge für die Armen, aber welches Recht habe ich, diese Botschaft bringen zu dürfen?" Da sich keine Antwort abzuzeichnen schien, setzte ich meinen Weg zur Gemeinde fort, nur allzu bereit, die Predigt noch an jemand anderen abzugeben.

Als die Lobpreiszeit begann, rang ich immer noch mit Gott und überlegte, wer für mich einspringen könnte. Glücklicherweise stand ich in der ersten Reihe, direkt vor Eddie. Ich gab Gott gerade eine letzte Chance, zu mir zu reden, bevor ich den Stecker ziehen würde, als mir jemand auf die Schulter klopfte. Eddie hielt die aufgeschlagene Bibel in der Hand und zeigte auf einen Absatz.

Ich fragte: „Hast du einen Vers für mich?" Er nickte heftig und sprach ein betontes „JAA." Ich nahm die Bibel und las:

Dies ist die Botschaft vom Gott der Engelsheere, Israels Gott, an alle Verbannten, die ich von Jerusalem nach Babylon gebracht habe: „Baut Häuser und richtet euch dort zum Wohnen ein. Legt Äcker und Gärten an und freut euch an dem, was dort wächst. Heiratet und bekommt Kinder. Ermutigt eure Kinder zu heiraten und Kinder zu bekommen, denn euer Volk soll wachsen und nicht kleiner werden. Lasst euch dort häuslich nieder und setzt euch für das Wohl des Landes ein. Betet für Babylons Wohlergehen. Wenn es Babylon gut geht, geht es euch auch gut." (nach Jeremia 29,4-7)

Gottes Nachricht ereilte mich laut und deutlich. *Ja, zunächst und in erster Linie bist du ein Bürger des Himmels, und als solcher lebst du in Kanada im Exil. Doch geh voran und lass dich nieder, bau deine Familie. Achte nur darauf, dass du dem Land, in das ich dich gestellt habe, ein Segen bist. Denke insbesondere daran, den Segen, den du empfangen hast, an die Armen weiterzugeben.*

Ich schaute auf und sah Eddies zufriedenes Grinsen. Irgendwie schien er zu wissen, dass er einen Volltreffer in meinem Herzen gelandet hatte. Sein Gesichtsausdruck sagte: „Siehst du?" Und das Funkeln in seinen Augen war das von Jesus.

Pastor Tom

Bislang war *Fresh Wind* eine Gemeinde, die die Fallstricke, die Titel mit sich bringen, vermeiden konnte. Jahrelang waren wir sehr skeptisch, wenn es darum ging, jemanden als „Pastor" zu titulieren – eben wegen der Klischees und Entstellungen, die dieses Etikett mit sich bringt. In Toms Fall jedoch hatten wir den Eindruck, dass Gott uns grünes Licht gab. Als ich die Frage einbrachte, warum es ungefährlich sein sollte, ihn Pastor zu nennen, lautete die Antwort: „Tom ist der Einzige in der Gemeinde, der nicht abhebt, wenn man ihn so nennt."

Touché.

Tom gehört zu meinem Hauskreis. Wenn er nicht gerade herumalbert, spricht er kraftvolle Gebete, manchmal in Zeichensprache (seiner besonderen Ausdrucksmöglichkeit), Liedverse wie „Jesus liebt mich ganz gewiss", bevor er dann mit einem feierlichen „Amen" endet. Aber er ist auch einer der „Hüter des Buches", der regelmäßig und genau zur richtigen Gelegenheit eine Bibelstelle vorbringt, die dann einschlägt wie eine Bombe.

Es war in den Stunden vor Amerikas Ankündigung, zum zweiten Mal in den Irak einmarschieren zu wollen, als sich unsere Gruppe zum Gebet versammelt hatte. Wir fragten

Tom

Jesus, wofür wir beten sollten, und hörten dann hin. Einige der Teilnehmer äußerten sich: „Betet für den Irak." „Betet für die Kinder im Irak." „Betet für Präsident Bush, um Weisheit für ihn."

Es folgte eine Zeit der Stille, während der ich darüber nachdachte, wie in der Irakkrise wohl wahre Weisheit aussehen müsste. Genau in dem Moment erhob sich Tom, schlug die Bibel auf und deutete an, dass jemand einen Absatz, den er gefunden hatte, lesen sollte. Charles Littledale, unser furchtloser Leiter, nahm die Bibel und las:

Wer von euch klug ist und Gottes Wege begreift, soll so leben, dass seine guten Taten sichtbar werden, und dabei freundlich und weise sein. Wenn ihr aber von bitterem Neid und selbstsüchtigem Ehrgeiz erfüllt seid, dann rühmt euch nicht damit, weise zu sein. Das wäre eine Lüge! Denn Neid und Selbstsucht haben nichts mit der Weisheit von Gott zu tun, sondern sie sind irdisch, gottlos und teuflischen Ursprungs. Denn wo Eifersucht und selbstsüchtiger Ehrgeiz herrschen, führt das in die Zerstörung und bewirkt alle möglichen schlechten Taten. Aber die Weisheit, die von Gott kommt, ist vor allem rein. Sie sucht den Frieden, ist freundlich und bereit, nachzugeben. Sie zeichnet sich durch Barmherzigkeit und gute Taten aus. Sie ist unparteiisch und immer aufrichtig. Und wer Frieden stiftet, wird in Frieden säen und Gerechtigkeit ernten. (Jakobus 3,13-18)

Ich spürte, wie diese Worte einschlugen. Ich erkannte die Absichten des Weißen Hauses. Und ich verspürte die Furcht des Herrn. Tom hatte das Wort des Herrn überbracht – eine Anklage an alle Beteiligten, die die Weisheit des Himmels zugunsten von Rache und Gewalt verwarfen. Ich verstehe all das Vielschichtige und Komplizierte hinter den Kriegen, die wir da führen, nicht. Aber eines weiß ich: Sowohl Jakobus als auch Tom erachten sie als Torheit.

"Gephillt"

Zum Schluss möchte ich über den letzten unserer drei Amigos berichten – Phil. Sein geübter Umgang mit dem „Schwert des Geistes" hat ihm das Recht eingebracht, den Text für unseren wöchentlichen Hauskreis auszuwählen. Welchen er auch immer vorschlägt, er wird Gegenstand unserer Diskussion. Seine Wahl erweist sich üblicherweise als sehr eindrücklich und immer als kraftvoll.

Phil

Es ist nicht ungewöhnlich für ihn, dass er unbewusst eine Bibelstelle findet, die zu den Liedern passt, die wir an dem Abend gesungen haben. Als wir etwa etliche Lieder zum Thema „Gnade", mit dem Themenlied „Mercy Is Falling", gesungen hatten, ließ Phil Charles Psalm 123,2 vorlesen.

Siehe, wie die Augen der Knechte auf die Hand ihres Herrn, wie die Augen der Magd auf die Hand ihrer Gebieterin, so sind unsere Augen gerichtet auf den Herrn, unseren Gott, bis er uns gnädig ist.

Eines Abends schlug Phil seine Bibel bei Titus 3 auf. Noch bevor ich ihm die Bibel abnehmen konnte, um daraus zu lesen, schlug er sie wieder zu. Ich fragte also: „Wirst du uns keinen Abschnitt geben?" Wieder schlug er sie bei Titus 3 auf (ulkig anzusehen, wie er eher zufällig in den Seiten herumblätterte). Dann schloss er die Bibel wiederum, um sie dann, zum dritten Mal, wieder bei Titus 3 zu öffnen. Die Wahrscheinlichkeit war extrem gering, ich schrieb es einem durch die Bindung des Buchs begünstigten Zufall zu.

Mittlerweile kam uns Phil etwas beunruhigt vor. Dann merkte Charles schließlich, dass Phil begierig auf die *großen* Bibeln, die es überall im Raum gab, zu stieren schien. Charles fragte ihn, ob er statt seiner eine dieser Bibeln benutzen wolle, was Phil mit einem breiten Grinsen beantwortete. Er nahm die Bibel und blätterte entschlossen durch die vielen Hundert zigarettenpapierdünnen Seiten, bis er … bei Titus 3 landete.

… über niemanden lästern und jedem Streit aus dem Weg gehen. Allen Menschen sollen sie mit Freundlichkeit und Geduld begegnen!
Auch wir waren früher unwissend und ungehorsam. Wir ließen uns in die Irre führen und wurden zu Sklaven vieler Wünsche und Leidenschaften. Unser Leben war voller Bosheit und Neid. Wir hassten die anderen, und sie hassten uns.
Doch dann zeigte Gott, unser Retter, uns seine Freundlichkeit und Liebe. Er rettete uns, nicht wegen unserer guten Taten, sondern aufgrund seiner Barmherzigkeit. Er wusch unsere Schuld ab und schenkte uns durch den Heiligen Geist ein neues Leben. Durch das, was Jesus Christus, unser Retter, für uns getan hat, schenkte er uns den Heiligen Geist. In seiner großen Güte sprach er uns los von unserer Schuld. Nun wissen wir, dass wir das ewige Leben erben werden. (Titus 3,2-7)

Die Stelle machte starken Eindruck auf uns, und sei es nur deshalb, weil Phil von Gott viermal dazu geleitet wurde, dieselbe Stelle aufzuschlagen – und das in zwei verschiedenen Bibeln. Wir beschlossen, in der kommenden Woche Augen und Ohren offen zu halten, um zu sehen, welche Bedeutung die Stelle in unserer Situation haben könnte.

Am folgenden Abend nahm Karen, unsere Lobpreisleiterin, an einem Hauskreis einer anderen Gemeinde teil, wo sie die Geschichte von Phil und seiner Fixierung auf Titus 3 erzählte. Auch sie verbrachten den Abend damit, über die Stelle nachzudenken, und verblieben mit dem Vorsatz, wachsam im Blick auf seine mögliche Bedeutung zu sein.

Ian und Lorraine, die Leiter von besagtem Hauskreis, hatten die Stelle noch im Herzen, als sie am Sonntag in ihre Gemeinde gingen und den Redner über … Sie ahnen es: Titus 3 predigen hörten. Nach dem Gottesdienst machte sich das Paar auf, Lorraines Vater zu besuchen, der wegen einer schweren Demenzerkrankung in einem Heim untergebracht war. Er litt schon seit etlichen Jahren daran und baute jetzt rapide ab. Er erkannte Lorraine und Ian nicht, konnte auch nicht mehr gehen oder reden, höchstens unverständlich brabbeln. So saß er in seinem Rollstuhl und starrte ausdruckslos vor sich hin. Trotzdem hielten es die beiden für wichtig, sich regelmäßig zu ihm zu setzen und ihm etwas zu erzählen, damit er mit seiner Familie in Verbindung blieb. Auf dem Weg zu dem Heim hatten sie beschlossen, Lorraines Vater von Phil zu erzählen und ihm Titus 3 vorzulesen.

Sie setzten sich, schlugen die Bibel auf und fingen an zu lesen. Als sie an die Stelle kamen, wo es heißt: „Wir hassten die anderen, und sie hassten uns", redete Lorraines Vater! „Das bin ich", sagte er in dem ersten klaren Moment seit Jahren. Erschrocken lasen die beiden weiter. Als sie dann zu „das ewige Leben erben" kamen, beteuerte der Vater: „Und das ist es, was ich will!" Sie beteten miteinander und baten Gott, zu kommen und dem Vater die Hoffnung des ewigen Lebens in Jesus zu gewähren. Glücklich nahm er diese Hoffnung in Empfang … Und dann fiel er in die Demenz zurück. Was war geschehen? Was war das für eine wundersame Kette von Ereignissen, angefangen bei Phil bis hin zu Lorraines Vater? Die Verschwörung der rettenden Gnade? Wir kamen zu dem Schluss: Lorraines Vater war *„gephillt"*.

Amen!

14

Kathy

Brad Jersak

Kathy West leitet einen Hauskreis der Fresh Wind-*Gemeinde. Ihre besondere Begabung liegt in der Lobpreisleitung.*

Menschliche Weisheit ist so winzig klein, so unvermögend neben der scheinbaren Absurdität Gottes. Menschliche Stärke kann sich mit Gottes „Schwäche" auch nicht annähernd messen. Guckt euch genau an, Freunde, wer ihr wart, als ihr in dieses Leben gerufen wurdet. Ich sehe nicht viele der „Klügsten und Besten" unter euch, nicht viele Einflussreiche, nicht viele aus gesellschaftlich hochstehenden Familien. Ist es nicht offensichtlich, dass Gott extra solche Männer und Frauen auserwählte, die in ihrer Kultur übersehen und ausgenutzt und missbraucht werden, extra solche „Nobodys" wählte, um die leeren Anmaßungen der „Wir sind wer"-Leute bloßzustellen?

1. Korinther 1,25-28, nach *The Message*

Kathy West ist eine echte Säule, die beim Aufbau unserer kleinen Glaubensfamilie half. Oft haben wir in ihrem Lächeln Jesus erkannt und ihn durch ihre Stimme vernommen. Außenstehenden mag sie, wie Eddie, behindert erscheinen, aber wenn sie betet: „Komm, Jesus", dann erleben wir sie als eine

Art wunderbaren Blitzableiter, von dem die Gnade Gottes eingefangen wird. Das Aussehen mag trügen, denn sie ist an den Rollstuhl gefesselt, auf einem Auge blind, und in dem, was von ihren Hüften noch vorhanden ist, leidet sie beständig Schmerzen. Doch in ihrem kaputten Körper findet sich ein sehr munteres, aufgewecktes junges Mädchen mit einem außerordentlichen Fassungsvermögen für die Gegenwart Gottes.

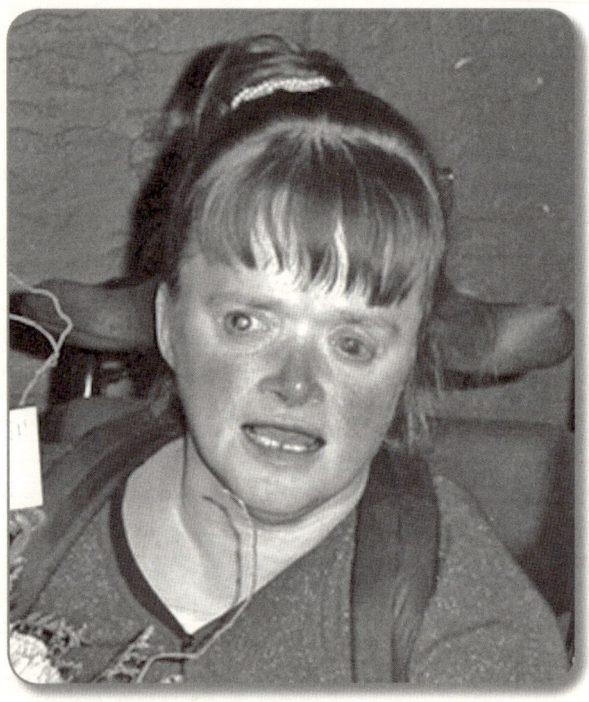

Kathy

Während einer Erweckungsversammlung, an der ich in den späten 1990ern teilnahm, hatte man für die Kinder und Kindlichen vorne im Saal Platz zum Tanzen und Feiern gelassen. Kathy war etwas spät dran, aber ihre Pfleger verbannten sie nicht irgendwo in den hinteren Teil des Raums, sondern schoben sie mitten in das

Tanzgewusel. Ich hatte sie erst ein paar Monate zuvor kennengelernt, doch war ich schon darauf eingestellt, ein waches Auge darauf zu haben, was Gott mit dieser agilen Frau tun würde.

Umgehend formte eine Gruppe von Kindern einen Kreis um Kathy, fassten sich bei der Hand, tanzten und sangen Lobpreislieder. Dieser Augenblick, dieser „Ring um Kathy" war ein wunderschönes Bild für das Reich Gottes, und Kathy genoss es durch und durch. Der Lobpreis ging weiter, die Kinder sprangen zur Seite und ich hatte Gelegenheit, mich zu ihr zu schlängeln. Ich spürte ihre Hand in der meinen und dachte, ich sollte Gott bitten, mich durch sie zu lieben. Eine leichte Benommenheit setzte ein und eine leise innere Stimme schlich sich durch den Lärm der Band in mein Herz: „Du solltest dich besser hinlegen, mein Junge."

„Willst du bei mir einen Download von Kathys geistlicher Stärke vornehmen?", fragte ich, worauf die Stimme wiederholte: „Leg dich besser hin."

Hin und wieder bin ich gescheit genug, sofort zu gehorchen. So legte ich mich auf der Stelle neben Kathys Rollstuhl auf dem Boden, immer noch ihre Hand haltend. Plötzlich fühlte es sich an, als ob ein elektrischer Schlag durch meinen Körper führe, so wie einmal, als ich an den offenen Kontakt einer 220V-Ständerbohrmaschine gekommen war. Ich konnte gerade einmal tief Luft holen, als mich ein zweiter Schlag durchfuhr, dann ein dritter. Es hatte für mich den Anschein, als ob es sich dabei um eine Kraft-Gottes-Angelegenheit handelte, aber es war so heftig, dass ich betete: „Gott, ich möchte alles, was du für mich hast. Hilf mir, dass ich dich nicht darum bitte, aufzuhören." Vier. Fünf. Ich zählte die Schläge. Sechs. Sieben. Kathy hielt weiter fest. Acht. Neun. Das Gekrampfe muss lächerlich ausgesehen haben. Zehn. Elf. Zwölf. Kathy ließ los, mein Arm glitt auf den Boden. Sie grinste mich nur an und fuhr im Lobpreis fort.

„Was war das?" – Ich fragte Gott und hoffte auf irgendeine Erklärung. Nichts kam. Worum ging es bei dieser Elektroschocker-Übung? Einige Tage dachte ich darüber nach. Ich fühlte mich nicht anders. Keine charakterliche Veränderung, keine neuen Gaben des Geistes. Mal abgesehen vom „Wow!"-Faktor machte der ganze Vorfall keinen Sinn.

***

Einige Tage nach dieser Geschichte rief mich meine Cousine Merilee aus Calgary an. Sie war bettlägerig aufgrund einer Erkrankung, deren Symptome denen einer Lupus-Erkrankung ähnelten. Es fühlte sich an, als wenn ihr Körper sich auflösen würde, als wenn Rücken und Schultern den Dienst einstellen würden, ihre Arme hingen kraftlos herab.

Kurz zuvor hatte ich in einer Fachzeitschrift von lupusähnlichen Symptomen gelesen, die sich bei unterdrücktem Ärger im Arbeitsumfeld herausbilden können. (Zufall?) Ich fragte sie, ob das etwas in ihr klingeln ließ. Es stellte sich heraus, dass sie an dem Tag eine Auseinandersetzung mit einem wütenden Kunden gehabt hatte. Um den professionellen Eindruck zu wahren, hatte sie ihren eigenen Ärger unterdrückt. Doch in dem Moment, als der Kunde weg war, machte ihr Körper nicht mehr mit. Wir beteten am Telefon, sagten Jesus, wie sie sich *wirklich* fühlte, und baten ihn, ihr den Ärger und die Auswirkungen auf ihren Körper wegzunehmen.

Es dauerte nur Sekunden, da schrie sie durchs Telefon: *„Meine Schmerzen sind gerade zur Hälfte verschwunden!"* Als ein Mann mit gewaltigem Glauben entgegnete ich: „Nie und nimmer! Du lügst!"

„Tu ich nicht! Ich stehe – und ich kann meinen Arm bewegen."

Also fragten wir Gott, ob es in ihrem Leben noch andere Bereiche unterdrückter Wut gäbe, die ihm ausgehändigt werden mussten. Er zeigte ihr einen Vorfall mit einem Verwandten, wo sie, um des lieben Friedens willen, ihren Zorn runtergeschluckt hatte. Und wieder nahm Gott es weg, woraufhin Merilee durch den Hörer rief: „Er ist weg! Der Schmerz ist völlig weg! Im Moment lasse ich meinen Arm kreisen wie einen Windmühlenflügel." Noch einmal holte mein Unglaube alles aus mir heraus, doch war es wahr. Merilee ist jetzt dabei, mit Gesundheitsfragen umgehen zu lernen, doch dieser Kampf war in Minuten vorbei.

Als ich der Sache noch mal im Gebet nachging, fragte ich Gott: „Warum wurde Marilee so schnell und vollständig geheilt? Das ist bei mir nicht das Normale. Wo kam diese Kraft her?"

Er antwortete: „Das kam von mir und Kathy. Du warst nur der Kondensator (ein elektrisches Bauteil zur kurzzeitigen Energiespeicherung), der meine Kraft so lange zwischenspeicherte, bis Merilee sie benötigte." Was sollte ich sagen? Ich beendete das Gespräch, doch nicht mit einem herzhaften „Amen!", sondern mit einem demütigen „Oh!" Paulus sagte: „Gott hat das Schwache und Törichte auserwählt, um die [sogenannten] Starken und Weisen zuschanden zu machen" (siehe 1. Kor. 1,27). Das sieht auf dem Papier gut aus, doch was, wenn er es wirklich so meint? Wie mag das in einer Welt aussehen, die Tüchtigkeit und Können verherrlicht? Oder in einer Gemeinde, die sich durch das weltliche System von hierarchischer Macht zweckentfremden lässt?

Kathy West ist mir ständige Mahnung, dass das Reich Gottes anders ist als unsere Reiche. In ihm werden nämlich die, welche sich selbst erhöhen, gedemütigt und die Demütigen erhöht, in ihm wird wahre Größe durch Dienstgesinnung erlangt, und die Bereitschaft zum Abstieg ist das A und O.

15

Du musst mit dem Herzen denken

Brad Jersak

„… und ein kleiner Junge wird sie leiten."

Jesaja 11,6

Jesus sagte einmal:

Wahrlich, ich sage euch: Wenn ihr nicht umkehrt und werdet wie die Kinder, so werdet ihr keinesfalls in das Reich der Himmel hineinkommen. Darum, wenn jemand sich selbst erniedrigen wird wie dieses Kind, der ist der Größte im Reich der Himmel; und wenn jemand ein solches Kind aufnehmen wird in meinem Namen, der nimmt mich auf. (Mt. 18,3-5)

Was wäre, wenn Jesus diese Worte so gemeint hätte? Und wenn er sie so gemeint hat, wie sollten wir reagieren? Es wurde schon viel über die Wichtigkeit eines kindlichen Glaubens gesagt und darüber, Kinder in Jesu Namen willkommen zu heißen, doch bin ich nicht gerade überzeugt, dass wir das tatsächlich leben. Wenn wir wirklich überzeugt wären, dass Christus uns in Kindern begegnet und durch sie zu uns redet, dann wären wir vielleicht etwas zögerlicher, sie dann, wenn es Zeit ist, „mit

Gott ernst zu machen", ins Untergeschoss des Gemeindehauses zu entlassen. Vielleicht hätten wir Jesu Ermahnung dann als ernsthafte Einladung gewertet, ihn durch diese Kleinen zu uns reden zu lassen. Ich bin begeistert zu sehen, wie dies mehr und mehr im ganzen Leib Christi geschieht.

Während ihres Pastorendienstes in Alberta bemerkten meine Freunde Tim und Sara Warriner, dass Leben und Lobpreis in ihrer Gemeinde hauptsächlich durch die Kinder Ausdruck fand. So wurde die Frage aufgeworfen: „Warum schicken wir sie dann nach unten, während die Erwachsenen in dem schönen Raum dasitzen und Däumchen drehen?" Sie beschlossen, diese Regelung aufzugeben und die Kinder den Kanzelbereich einnehmen zu lassen, bis die Erwachsenen bereit waren, sich an den Ort zu erheben, wo sie das Leben des Reiches Gottes in Empfang nehmen konnten. Sie nahmen Jesus ernst, indem sie sich sagten: „Wenn wir ihn nicht in den Kindern hören können, wie können wir ihn dann überhaupt hören?"

Je mehr wir diese Wahrheit anerkennen, desto dünner wird der Vorhang zwischen unserer Sphäre und den himmlischen Dimensionen. Dabei kommen mir besonders zwei Kinder in den Sinn. In diesem Kapitel werden Sie Kezia begegnen und im nächsten der bemerkenswerten „Cinder-Ella".

Kezia

Kezia ist die Tochter meines Freundes Mike, eines anglikanischen Pfarrers. Von klein auf haben Mike und seine Frau Marianne ihrer Tochter Kezia gezeigt, dass sie die Gegenwart Jesu in ihr ernst nehmen. Die kleinen Dinge, die aus ihrem Munde kommen, werden als wertvoll angesehen, als etwas, was ihrem Bewusstsein der Freundschaft mit Jesus Nahrung gibt. Hier sind einige „Kezianismen", die sie von sich gab, als sie vier oder fünf war.

Eine der Wahrheiten, die Kezia uns lehrt, ist, dass Christus allezeit bei uns ist, nicht als passiver Beobachter, sondern im alltäglichen Austausch mit seinen Kindern. Mike erzählt, dass Kezia manchmal lachend und sich windend zu Boden fällt und dann behauptet, dass Jesus sie kitzeln würde. Bei anderer Gelegenheit fängt sie an zu weinen und bezeugt, dass Jesus mit ihr redet und sie als seine Prinzessin und seine kleine Blume bezeichnet. Sie sagt, dass dann die Tränen flössen, weil „die Sachen, die er sagt, so schön sind. Manchmal, nachts, singt er für mich."

Tatsächlich schläft Kezia jede Nacht mit einem Bild ein, das Jesus auf seinem himmlischen Thron zeigt, ein kleines Mädchen schlafend auf seinem Schoß. Kezia: „Jesus sagt, dass ich wann immer ich möchte, auf seinem Schoß einschlafen darf. So bekomme ich mehr von Jesus in mein Herz."

Mit ihren Glaubensaugen ist es ihr normalerweise möglich, Jesus im Raum zu „orten" (z. B. „Jesus ist noch nicht da ... oh, da kommt er!"). Sie baut ein kleines, kuscheliges Nest in ihrem Bett, wo Jesus und sie reden können. In ihren Gebeten kichert sie manchmal und lässt ein „Oh, Jesus!" hören, wenn er ihr etwas sagt, was sie zum Erröten bringt. *Ach, wie goldig!* – doch langsam, unterschätzen Sie sie nicht. Jesus sagte: „Seht zu, dass ihr nicht eines dieser Kleinen verachtet! Denn ich sage euch, dass ihre Engel in den Himmeln allezeit das Angesicht meines Vaters schauen, der in den Himmeln ist" (Mt. 18,10).

Manchmal haut das, was sie sagt, wirklich rein. Eines Tages ermahnte Mike sie wegen irgendeines Vorfalls bei Tisch, woraufhin Klein-Kezia den Finger hob, Mike ansah und dann mit ihrem englischen Akzent sagte: „Wenn ich ungezogen bin, ist Jesus nicht sauer auf mich. Jesus sagt, du musst lernen, mit deinem Herzen zu denken. Manchmal bist du gemein mit deinem Mund. Du musst lernen, mit dem Herzen zu denken."

Eines Morgens lief sie in die Küche und rief: „Mutti, da ist ein Mann in unserer Dusche!", um dann kehrtzumachen und ins Bad zurückzulaufen, wo sie ihn gesehen hatte. Natürlich war Marianne entsetzt. Mike war schon zur Arbeit gegangen und im Haus dürfte sich kein weiterer Mann befinden, schon gar nicht unter der Dusche. In Vancouver ist Hausfriedensbruch keine Seltenheit, entsprechend beunruhigt war sie. Doch bevor sich die Panik durchsetzen konnte, rief Kezia hinunter: „Schon okay, is' nur Jesus. Er hat rote Herzen auf die Duschkabine gemalt."

Das erwies sich als bedeutsam, weil Mike am Abend zuvor mit einer Riesenlast von der Gemeinde nach Hause gekommen war. Er hatte geduscht und dann ebendort eine machtvolle Heimsuchung der Gnade Gottes erlebt, bei der Gott ihm eine geistliche Dusche verpasste. Und Kezia erkannte die Überbleibsel dieser Begegnung.

Kezia steht für eine wachsende Zahl Kinder, die wie die kleine Lucy aus den Narnia-Chroniken wissen, dass Aslan (Gott) lebendig ist und handelt. Ihr Zeugnis wagen wir nicht zu ignorieren.

16

Cinder-Ella

Ella Rempel

Vergisst etwa eine Frau ihren Säugling, dass sie sich nicht über den Sohn ihres Leibes erbarmt? Und sollten selbst diese vergessen, ich werde dich niemals vergessen.

Jesaja 49,15

Einer der Gründe, warum mich diese Schilderungen kleiner Kinder überzeugen, ist, dass sie sie hin und wieder auch als Erwachsene noch erzählen. Ella Rempel, die Großmutter meiner Frau, ist solch ein Kind. Ihre Jesus-Geschichte trug sie über Jahrzehnte in ihrem Herzen, bis sie sie mir schließlich an ihrem zweiundneunzigsten Geburtstag erzählte. Mit ihrer Zustimmung gebe ich sie hier weiter.

Ich war ein kleines Mädchen von sechs und lebte in Russland. Meine Eltern hatten mich, warum auch immer, an eine andere Familie abgegeben, die mich nur widerwillig zu sich nahm. Kaum hatte ich bei meinen Stiefeltern Quartier bezogen, fingen die Schläge an. In dieser ersten Woche bekam ich jeden Tag Schläge mit dem Stock, weil sie, so wurde mir erklärt, damit streng die biblische Anweisung befolgten, die da lautete: „Wer mit der Rute spart, verzieht das Kind."

Ich kam schnell dahinter, dass der sicherste Platz mein Schlafraum war, eigentlich nur ein kleiner Verschlag, in dem die Familie ihre Pferde-Gerätschaften aufbewahrte. Von der Wand über meinem Bettchen hingen Gurte und Riemen für die Gespanne. Ich wurde so niedergeschlagen, dass ich nicht mehr essen wollte, doch mein Stiefvater rief mich zu Tisch und befahl mir, mich hinzusetzen. Nach dem Tischgebet fragte ich, ob ich beim Essen stehen dürfe, weil mir die Schläge noch wehtaten. Er antwortete: „Entweder du setzt dich, oder ich nehm dich mit in die Scheune, wo ich dir eine solche Tracht verpassen werde, dass du nur noch sitzen *kannst*." Ich nahm einen Löffel voll Bratkartoffeln, dankte für das Essen und entschuldigte mich. Ich weinte und weinte, bis meine Stiefmutter sagte: „Deine Tränen fallen auf den Fußboden. Wenn du nicht aufhörst, wischst du noch den Boden damit." Sie hatte überhaupt kein Mitleid. Dann meinte mein Stiefvater: „Pack Ellas Sachen! Morgen bring ich sie zu ihren Eltern zurück." Am nächsten Morgen kam ich zum Frühstück, Kaffee mit etwas Brot. „Für Ella alles gepackt?", fragte der Stiefvater, worauf sein Frau antwortete: „Es gibt nichts zu packen, wir behalten sie. Ich werde ihre Eltern aus ihr herausprügeln, sodass sie nie wieder an sie denkt."

Von beiden Familien ging die Botschaft aus: „Wir wollen dich nicht." Tatsächlich sagte meine Stiefmutter zu mir, ich sei so hässlich, dass ich niemals in den Himmel kommen würde. Ich war derart bestürzt, dass ich meinte, mein Kopf würde zerspringen. Als ich in der Nacht auf meinem Bett lag und ganz verzweifelt darüber nachdachte, ob auch Gott mich wohl verlassen hätte, geschah etwas Seltsames: Die obere Fuge am Dachfirst begann sich zu teilen. Das Dach über meinem Kopf öffnete sich wie bei einem Reißverschluss. Dann kam der Herr durch das Dach zu mir herab und stellte sich ans Fußende meines Betts. Er trug eine Art schweren Kimono mit einer Kapuze, die sein Gesicht halb verbarg. Das Licht, das vom Rest seines Gesichts ausging, war so strahlend, dass ich nicht hindurchsehen konnte, doch konnte ich das Funkeln eines seiner Augen erkennen. Er sagte: „Du hast mich gesehen!" Er war so wunderbar, dass ich mit Glauben und einem Gefühl der Sicherheit erfüllt wurde.

Er sah sich in dem Verschlag um und streckte dann seine Hand über dem Bett aus und sagte: „Ich werde auf dich aufpassen." Dann berührte er meinen kleinen Fuß. Ein weißer Nebel breitete sich über meinem Bett aus und alle Anspannung wich von mir. Ich spürte, wie ein herrlich warmes Gefühl über die ganze Länge meines Körpers strömte und mich mit einem wunderbaren Frieden erfüllte.

Dann redete er sehr sanft zu mir, Worte, die mein ganzes Leben lang in meinem Herzen verblieben: „Ella, du wirst in ein anderes Land gehen und dir werden viele schwierige Dinge begegnen. Aber ich werde mit dir sein."

Dann erhob sich der Herr langsam durch das Dach, das sich danach wieder sorgfältig zusammenfügte. Mit diesem Frieden im Herzen konnte ich einschlafen. Als ich am nächsten Morgen in die Küche kam, um mich zu waschen, sah mich Stiefmutter ärgerlich an und fragte: „Wo kommt denn dieses Strahlen an dir her?" Ich sagte es ihr nicht, doch habe ich es nicht vergessen. Seitdem wusste ich: „Selbst wenn ich hässlich bin: Für mich kam er herab." Danach meinte ich immer zu spüren, dass er nahe ist. Wann immer ich um Hilfe bäte, würde er sich um mich kümmern.

***

Großmutter Ella endete und kam langsam von dem weit entfernten Ort zurück. „Und weißt du was?", fragte sie mit einem Lächeln. „Das hat er immer getan." Wie verheißen, wanderte ihre Stieffamilie über den Ozean aus und Ella ging

durch einige unbeschreiblich höllische Erfahrungen. Nachdem mir manches davon zu Ohren gekommen ist, bin ich
überzeugt, dass es für ihre emotionale Gesundheit und die
Tatsache, dass sie nicht verbittert ist, keine andere Erklärung
gibt als die Wirklichkeit der beschriebenen Heimsuchung. Sie
litt, überlebte und überwand, weil Jesus gekommen war und
mit ihr gelitten hatte.

17

Lilut

Brad Jersak

Als der Soldat am Sicherungshebel seines M-16-Sturmgewehrs herumspielte, dachte ich, mir würde schlecht. Es kam mir vor wie ein schrecklicher Alptraum, aber ich war hellwach – wacher als je zuvor in meinem Leben.

Es war im November 1992 in Desarmes, Haiti. Nach einem Staatsstreich beschränkten sich die paramilitärischen *Tontons Macoutes* nicht mehr darauf, die ländlichen Gebiete bloß zu terrorisieren, sondern hatten dort die tatsächliche Kontrolle übernommen. Und in diesem Dorf im Hinterland Haitis regierten sie mit eiserner Faust. Zusammenkünfte von mehr als drei Personen bedurften einer Genehmigung, Jugendgruppen und bäuerliche Genossenschaften wurden verboten. Entlang der unbefestigten Straßen waren überall Kontrollpunkte eingerichtet worden, die den Verkehr überwachten.

Lares, ein Haitianer, der als landwirtschaftlicher Ausbilder für das Mennonitische Zentralkomitee arbeitete, war unter dem Vorwand verhaftet worden, einen Brief verbreitet zu haben, in dem der örtliche Militärbefehlshaber verächtlich gemacht wurde. Die Soldaten hatten ihm Hände und Füße zusammengebunden und ihn mit Knüppeln auf Kopf, Ohren, Rücken und Schenkel geschlagen. Jetzt gaben sie offen zu, was sie vorhatten: „Heute Abend besaufen wir uns und prügeln ihn tot. Morgen früh wird er tot sein. Davon lassen wir uns durch kein Schmiergeld abbringen."

Und jetzt stand Ron Bluntchly, unser Gastgeber vom Mennonitischen Zentralkomitee und Reiseleiter, Auge in Auge mit einem bewaffneten Posten und sagte kühn auf kreolisch: „Gott ist Ihr Richter, und er hat Sie im Auge! Eines Tages müssen Sie vor ihm erscheinen. Er sieht Sie jetzt, und Sie werden ihm Rede und Antwort stehen müssen. Er wird Sie für das hier zur Rechenschaft ziehen! Diese Ungerechtigkeit wird er nicht dulden. Lassen Sie diesen Mann auf der Stelle frei!"

In meinem Kopf schwirrten tausend Fragen herum: Würden sie Lares tatsächlich umbringen? Und Ron womöglich auch? Würden sie es wagen? Und was war mit mir? Würde ich mit meiner Frau, die im sechsten Monat schwanger war, entkommen können? Gott – wo bist du? Was machst du?

Was sollen wir tun? Als ich lauschte, sagte der Herr: *Ist nicht das ein Fasten, an dem ich Gefallen habe:* dass ihr ungerechte Fesseln losmacht, dass ihr die Knoten des Joches löst, dass ihr die Unterdrückten freilasst und jegliches Joch zerbrecht? *Besteht es nicht darin, dass du dem Hungrigen dein Brot brichst und arme Verfolgte in dein Haus führst, dass, wenn du einen Entblößten siehst, du ihn bekleidest und dich deinem eigenen Fleisch* nicht entziehst? (Jes. 58,6 f.)

Weiter sagte Gott: „Diese Verse kannst du jetzt nicht länger vergeistlichen. Das hier ist sehr real, und genau das ist es, wovon Jesaja spricht."

Aber wie sollten wir vorgehen? Wie konnten wir diesen tatsächlich Gefangenen, der mit tatsächlichen Nylonseilen gefesselt war, von einem Bedrücker aus Fleisch und Blut befreien? Würde nicht jeder Versuch, das Patt aufzulösen, nur Öl ins Feuer gießen?

Schweigen. Ich beobachtete und wartete, zuallererst darauf bedacht, meinen Kopf auf dem Hals zu behalten. Ron gab nicht nach. Er glaubte, ohne Zeugen wie uns würden die *Tontons Macoutes* durchaus die Kaltblütigkeit aufbringen, Lares zu töten. Eine Menschenmenge begann sich zusammenzurotten. Die Schwüle und die Spannung setzten uns schwer zu. Betend schrien wir zum Herrn, aber die Verzweiflung drohte die Oberhand zu gewinnen.

Ich fing an, die Blindheit solcher zu durchschauen, die christliche Organisationen wie das Mennonitische Zentralkomitee oder *Christian PeaceMaker Teams* beschuldigen, „zu politisch" zu sein. Ich hatte das immer wieder gehört und mir durchaus auch selbst die Frage gestellt: „Sollten diese Gruppen sich nicht auf praktische Hilfen beschränken oder ihre Kräfte in die Seelengewinnung fließen lassen? Wieso müssen sie dermaßen politisch werden?" Im haitianischen Kontext, wo täglich Leben und Tod aufeinanderprallen, sind *Seelen nichts anderes als Menschen*. Und die Menschen sind nackt, hungrig und unterdrückt. Da gibt es keine Deutungsspielräume. Du kannst dich schweigend Elend und Bosheit beugen und dich abwenden, oder du kannst den Mund aufmachen und tätig werden für Gerechtigkeit und Barmherzigkeit, indem du hoffst, das Böse mit dem Guten zu überwinden. Manchmal hast du als Nachfolger Jesu keine Wahl, egal, was irgendwelche Kritiker sagen.

Das verstehen wir im Westen nicht besonders gut. Dom Helder Camara, der frühere Erzbischof von Recife in Brasilien, klagte einmal: „Als ich die Armen speiste, nannten sie mich einen Heiligen. Als ich fragte, warum die Armen nichts zu essen hätten, nannten sie mich einen Kommunisten."

Ich bekam jetzt eine Kurzschulung im Fach „Gerechtigkeit und Barmherzigkeit im Reich Gottes". Mir ging langsam auf, dass das nicht nur zeitliche Angelegenheiten für Politiker und Philanthropen waren, die mit meinem eigenen geistlichen Leben nichts zu tun hatten. Vielmehr haben sie Ewigkeitsbedeutung und werden zur Sprache kommen, wenn Christus am Tag des Gerichts seine Urteile verliest (Matthäus 25).

Am Tag des Gerichts wird das, was wir für die Nackten, Hungrigen, Gefangenen, Kranken und Unterdrückten getan oder nicht getan haben, als für den König getan oder nicht getan gerechnet werden. Er wird fragen: „Hast du mich gespeist und bekleidet oder nicht? Hast du mich aufgenommen, besucht, getröstet und befreit oder nicht? Entweder bist du zu mir gekommen, oder du hast mich im Stich gelassen. Wenn du den Menschen geholfen hast, hast du mir geholfen. Wenn nicht, glaube ich nicht, dass ich dich kenne." Wenn uns der göttliche Richter an jenem Tag zu seiner Linken oder zu seiner Rechten weist, wird es wenig zählen, ob wir in unserer irdischen politischen Haltung „links" oder „rechts" waren. Wir werden überhaupt nicht mehr daran denken, ob wir theologisch konservativ oder liberal waren. In jenem Augenblick mag es sogar in den Hintergrund treten, ob wir einmal „das magische Gebet" (der Lebensübergabe an Jesus) gesprochen haben oder nicht. Mehr als alles andere wird zählen, ob wir Gerechtigkeit übten, Barmherzigkeit liebten und demütig mit Gott wandelten oder nicht (Mi. 6,8). Das Neue Testament lehrt, dass wir durch den Glauben an die Gnade Gottes und nicht durch gute Werke gerettet sind (Eph. 2,8 f.). Aber es stellt auch fest, dass es in einem wahren Leben des Glaubens nicht an der Nachahmung des Wesens Jesu fehlen wird, was sich auf unser *Handeln* bezieht (Jak. 2,26). Es genügt nicht, einfach nur Gott zuzuhören. Die Dienste von Matthäus 25 sind nicht bloß schöne christliche Sinnsprüche, die man mit Magneten an der Kühlschranktür befestigt. Sie sind der Grund, auf dem der Thron Gottes selbst steht! „Recht und Gerechtigkeit sind die Stützen deines Thrones, Huld und Treue schreiten vor deinem Antlitz her. Wohl dem Volk, das dich als König zu feiern weiß! Herr, sie gehen im Licht deines Angesichts" (Ps. 89,15 f.). Nachdem wir gehört haben, müssen wir tätig reagieren.

Lilut

Zurück nach Haiti. Wie ich zitternd dastand, trat ein kleiner Junge mit weißem, perfekt gebügeltem Hemd zu mir. Lilut war elf Jahre alt, hatte rabenschwarze Haut und strahlend weiße Zähne. Mitten in dieser Hölle lächelte er mich an und begann, mir den Rücken zu massieren. Ich sah, wie Jesus mich durch diese großen Augen anschaute, die mir sagten: „Es wird alles gut."

Ron hörte nicht auf, sein Leben in die Waagschale zu werfen, indem er unbeugsam verlangte, dass der Gefangene auf der Stelle freigelassen werde.

„Ohne Gerichtsbeschluss können wir ihn nicht freilassen", schnauzte der Posten ihn an.

Was für ein verdrehtes „Rechts"-System! Um jemanden einzusperren, zu verurteilen und zu bestrafen, brauchten sie weder eine Rechtfertigung noch auch nur das Fitzelchen eines Beweises, aber ihn wieder rauszulassen erforderte ein Verfahren.

„Dann lassen Sie uns zum Richter gehen", erwiderte Ron.

„Der Richter ist in der Nachbarstadt", antwortete der Posten.

„Dann fahren wir eben in die Nachbarstadt."

„Wir haben keinen Jeep."

Ron zog seine Schlüssel aus der Tasche. „Dann nehmen wir eben meinen."

Von Ron in die Zange genommen, unter dem Blick ausländischer Zeugen und inzwischen auch des gesamten Dorfes, gingen den Kidnappern schließlich die Ausreden aus. Sie verfrachteten den Gefangenen und eine Handvoll Soldaten auf die Ladefläche von Rons *Pickup* und fuhren, mit Ron am Steuer, davon. Wir warteten und beteten den Abend und die ganze Nacht durch. Was würde geschehen? Was, wenn sie nicht zurückkämen? Was würden sie mit Ron machen? Was, wenn die Soldaten als Nächstes kämen, um uns zu holen? Was, wenn …?

Endlich durchbrach der Herr meine sorgenvollen Gedanken mit seinem Frieden. Wenn ich zurückblicke, frage ich mich, ob es wohl Gott war, der mir vorschlug, ein bisschen trockenes Brot mit Avocado zu essen, um meinen Magen zu beruhigen. Keine Ahnung, aber es war eine gute Idee, denn danach konnte ich endlich ein wenig schlafen.

Am nächsten Morgen hörten wir, wie der Wagen zurück-kam. Die Dorfbewohner stürzten aus den Häusern und bildeten ein Spalier entlang des ausgetrockneten Flussbettes, das ihnen zugleich als Dorfstraße diente. Die gesamte Mannschaft kehrte zurück, aber Lares war nicht mehr gefesselt. Unser Freund stand aufrecht auf der Ladefläche und winkte der Menge zu. Es war wie eine unverhoffte Neuauflage von Jesu triumpha-lem Einzug nach Jerusalem. Er war frei. Männer, Frauen und Kinder begannen wie aus einem Munde zu singen: „Der Herr vermag's! Der Herr vermag's!"

Und dann stand da Lilut – strahlend weiße Augen, Zähne und T-Shirt – und lächelte mich durch den Staub an. Jesus war in unserer Mitte.

18

Erlaube dem armen Mann, dich zu retten

Brita Miko

Gott verkauft Gerechtigkeit sehr preiswert an diejenigen, die begierig sind, sie zu erlangen: für ein kleines Stück Brot, wertlose Kleider, einen Becher kalten Wassers oder für eine kleine Münze.[1]

Vater Epiphanius

Es begann mit einer Ahnung von Himmel und Hölle. Es begann mit einem Geschmack von Frieden und Qual. Es begann, während ich mein zweites Kind zur Welt brachte. Kurz vor sieben Uhr morgens hatte der Arzt die Geburt eingeleitet, um 8.22 Uhr war mein Baby da. In der letzten Stunde folgte eine Kontraktion auf die andere. Wehen sind nicht die Art von Schmerz, die dich zum Weinen bringt, es ist ein Schmerz, der dich keuchen, dich winden und dich schreien lässt: „O Gott, hilf mir!" Und es ist ein Schmerz, der dir das Bewusstsein raubt – so wie es mir zweimal erging. Diese seligen Momente der Ohnmacht, während einen sonst der Schmerz quält, waren es, die mich zum Nachdenken bewegten …

Ich hatte immer angenommen, dass Ohnmächtigwerden dem Einschlafen ähneln würde: Alles wird schwarz, die Zeit läuft weiter, ohne dass du es merkst, und abgesehen von deinen Träumen nimmst du nichts wahr. Diese Annahme erwies sich als falsch. Als ich das Bewusstsein verlor, wurde nicht alles schwarz, sondern weiß. Ich war nicht abwesend, denn ich nahm die Worte wahr, die um mich herum gesprochen wurden. Pete, mein Mann, rief mit sanfter Stimme nach mir: „Brita, Brita", und sagte dann: „Ich glaube, sie ist ohnmächtig." Ich war mir meines Körpers bewusst – mein Kopf wandte sich von einer Seite zur anderen, meine Hand lag in Petes – doch konnte ich keinerlei Schmerz verspüren. Jede Nervenendung schien isoliert, abgedeckt zu sein. Ich empfand völligen Frieden. Inmitten heftigsten Schmerzes erfuhr ich einen Augenblick der Gnade. Ich wusste, dass Jesus mir nahe war, und er wusste, wo ich mich gerade befand. Ich hörte, wie der Arzt und die Schwester mich ansprachen, mich aufforderten aufzuwachen, doch ich wollte nur wegbleiben. Für immer. Ich war zur Ruhe gekommen und wollte nicht wieder zu dem Schmerz zurück, der mir noch bevorstand. Dann, auf einmal, war ich wieder da. Der Schmerz kam wieder – und es war mir unmöglich, einen vernünftigen Satz zusammenzubekommen. Mein Verlangen, an den wunderbaren Ort des Friedens zurückzugelangen, war mir so wichtig, dass ich es schließlich doch fertigbrachte, einen vollständigen Satz zu formulieren: „Ich möchte wieder ohnmächtig werden."

Später am Tag, nachdem das Wunder geschehen war und unsere kleine Schönheit auf dieser Welt war, musste ich über Himmel und Hölle nachdenken – das eine ein Ort zum Ruhen, das andere ein Ort der Qual –, und wie ich beides an diesem Tag geschmeckt hatte. Ich musste an zwei Welten denken, als ich dort auf meinem Krankenbett lag, zwei Welten, die mich an Horror und Seligkeit zugleich erinnern.

Die erste Welt war ein Gleichnis. Darin geht es um Lazarus und den reichen Mann (Lk. 16,19–31) und das Aufzeigen ihres künftigen Schicksals in Gnade und in Qual. Es erzählt von

Orten, die ich gerade erlebt hatte. Die Geburt eines Kindes macht klar, dass ich, wenn das Ende kommt, nicht der reiche Mann sein möchte. Ich möchte nicht eine Ewigkeit lang Wehe auf Wehe durchleiden müssen. Ich möchte die Geschichte verstehen, warum Jesus sie erdacht und erzählt hat. Dem Reichen werden gute Dinge zuteil, er stirbt und geht in die ewigen Qualen ein. Der Arme erhält nur Schlechtes, auch er stirbt und kommt zur ewigen Ruhe. Das ist die einfachste Version. Doch sie ist lückenhaft. In die Ruhe geht man in diesem Gleichnis nicht durch Christus oder Vergebung oder Gnade ein. Das beunruhigt mich, besonders, wenn ich meine beiden hübschen Mädchen anschaue und dann weiß, dass mir Gutes gegeben wurde. Ich bin kein Lazarus. Ich mache mir Sorgen und möchte Jesus irgendwo in der Geschichte erkennen.

Die zweite Welt, an die ich denken musste, war die Eastside Downtown von Vancouver, die ärmste Gegend in ganz Kanada. Ich erinnerte mich an Geschichten und Gesichter. Da war mein Freund Steve, der unter chronischen Rückenschmerzen litt. Er erzählte mir, dass all sein Schmerz – körperlich wie emotional – wich, wenn er auf Heroin war. Er sagte, er würde dann von der Höllenqual zum Frieden wechseln. Heroin bot ihm einen Moment des Ausruhens. Als er mir so einen Heroin-Fix beschrieb, musste ich an Verse denken, die den Himmel beschreiben.

Dann erinnerte ich mich auch an eine junge Frau, die oft Schwierigkeiten hatte, zu wissen, was sie gerade tat. Wir standen gemeinsam an der Straße, sie trug Socken und Flip-Flops, die sie sich zwischen die Zehen geklemmt hatte. Sie lächelte und fragte mich, ob ich die hübsch fände. „Sie sehen hübsch aus", antwortete ich. Später wurde sie als vermisst gemeldet. Und noch später fand man Spuren ihrer DNA auf der Farm des als Serienmörder angeklagten Robert Pickton (zusammen mit der DNA von mindestens 21 weiteren Frauen).

Dort im Krankenhaus musste ich auch an einen Mann denken, der in Vietnam gekämpft hatte und dann verwundet und mit all den Erinnerungen an das, was er getan hatte – und an das, was man ihm im Krieg angetan hatte – zurückgekehrt war. Er kam zurück und entfloh seinen Erinnerungen eine Zeit lang. Als ich ihn als meinen Nachbarn kennenlernte, schaffte er es immer mal, einen Tag nüchtern zu bleiben. Tastend. Mit Gottes Gnade. Ganz stark.

Und ich musste auch an diesen kleinen Mann denken, der immer versuchte, die enge Ziegelpflasterung zu überqueren, ohne auf die Fugen zu treten. Unmöglich, aber sein Körper verkrümmte sich förmlich, um es zu schaffen. In der Suppenküche konnte er immer nur eine Erbse auf einmal in den Mund nehmen. Jede Erbse musste einzeln gegessen werden. Winters wie sommers bedeckte eine Kapuze sein Gesicht. Die Leute raunten sich zu, dass er gefoltert worden war, irgendwo, in einem anderen Land, in einer anderen Zeit. – Leben und Tod, sie waren inmitten der Armen dieser Erde.

Es finden sich alle Arten von tiefen Wunden und Qualen. Es gibt Schmerz, der unendlich und vielleicht unerträglich erscheint. Eine gewisse Zeitspanne lang entflieht der Abhängige durch den Konsum von Heroin und Kokain. Augenblicke der Gnade. Atempause. Ausruhen. Ich fragte mich, ob sie (wie ich einige Stunden zuvor) auch einen flüchtigen Blick in Himmel und Hölle, Frieden und Qual tun konnten, wobei der Abstand zwischen beiden nur einen Moment, Sekunden, einen Atemzug betrug.

Diese Menschen, die ich traf, sind in der Lazarusgeschichte die, welche Schlechtes empfingen und starben. Ich, mit meinem neugeborenen Baby, schaue auf Jesus. Ich höre seiner Geschichte zu. Und ich suche ihn in dieser Geschichte, denn er ist in jedem Moment gegenwärtig. Wo sind Sie in der Geschichte vom reichen Mann und Lazarus, in der der Ausgang nicht von Gnade abzuhängen scheint, sondern von Umständen oder Werken oder guten und schlechten Dingen?

Hier ist er. Er ist Lazarus. Er ist nicht nur jemand, der Schlechtes empfangen hat, er empfing *alles* Schlechte. Er ist der, der geschlagen wurde, hinausgeworfen – und nicht nur in Gethsemane oder in einem übertragenen Sinne. Wenn ich Ihren Kopf packe, ihn quetsche und Sie böse ins Gesicht anschreie, dann ist es Ihr Gesicht, das ich da festhalte. Aber wenn ich Jesus frage, wo er ist, dann ist es ebenso sein Gesicht, das ich da festhalte. Jede Brutalität, die wir einander antun, tun wir gleichermaßen auch ihm an. Er sagt: „Was ihr einem dieser geringsten meiner Brüder getan habt, habt ihr mir getan" (Mt. 25,40), weil er in ihnen allen wohnt. *Christus wohnt in jedem von ihnen.* Wenn er sagt: „Du besuchst mich, wenn du einen Gefangenen besuchst", dann meint er damit nicht einen Gefangenen, der zu Unrecht inhaftiert wurde. Er bezieht sich auf jegliche Bedrohung der Gesellschaft, jeden, der weggeschlossen ist oder auf die Hinrichtung wartet. Jeden, der gefoltert wird. Jedes nackte Kind. Jeden in Socken und Flip-Flops, der am Bordstein auf seine letzte Reise wartet.

Dabei geht es in gar keiner Weise um eine Strichliste: Habe ich ausreichend Waisen versorgt? Genügend Krankenbesuche gemacht? Vielmehr geht es darum: *Christus rettet uns.* Christus in dem armen Mann rettet uns. Christus in dem nackten Kind rettet uns. Christus in Socken und Flip-Flops rettet uns. Unsere Begegnungen mit solchen Menschen ändern unser Herz und unser Leben. Sein Wort an mich lautet: „Erlaube dem armen Mann, dich zu retten." Das hört sich an wie eine „harte Rede", aber er versichert mir, dass es einfach ist, wenn ich losgehe und es versuche.

In *Bono über Bono* erzählt der Leadsänger von U2, wie er sich nach Gnade ausstreckt, wie sehr er Gnade braucht, wie er sich vorstellt, dass Gott sagt: „Sagen wir, wie's ist: Du lebst kein besonders gutes Leben, nicht wahr?" Diese Worte gelten mir. Diese Worte sind wahr. Ich denke gerne, dass ich größtenteils tue, was ich kann, doch häufig tue ich nicht mal das. Mein Leben ist nicht großartig. Ich bin keine Mutter Teresa. Ich bin nicht der Held, der Riese. Ich will durch Christus gerettet werden, und ich glaube, dass er mich rettet. Doch manchmal kommt er zu mir und erscheint mir wie derjenige, den ich am meisten verurteile und meide. Jesus ist es, der uns rettet und unser Herz verwandelt, und manchmal macht er das in unangenehmer Verkleidung. Dann mag er uns abstoßend, bemitleidenswert, verachtungswürdig oder schlichtweg krank und müde und arm erscheinen. Aber wenn ich ihn aufnehme, selbst in solch einem Zustand, weiß ich mich errettet. Wenn ich ihn aufnehme, bin ich verändert. Etwas geschieht an meinem Herzen, etwas Gutes und Befreiendes, Schönes, was das Herz weit macht. Ich muss keine Armen speisen, um gut genug für den Himmel zu sein. Doch was muss ich tun? Ihm glauben. Ihm folgen. Ihm zu essen geben. Ihn essen. Ihn lieben. Mich um seine Schwären kümmern. Und damit bin ich immer derjenige, der empfangen hat, der empfängt und der empfangen wird.

So fragte ich Jesus: „Wann bin ich dir begegnet?", und er erinnerte mich an Menschen, Fremde, die ich getroffen hatte. Allerdings kam keiner von ihnen aus Downtown Eastside Vancouver. Das beunruhigte mich, weshalb ich noch mal fragte: „Und was ist mit Downtown Eastside?" Er antwortete: *„Sie alle.* Verstehst du jetzt? Was immer du den Geringsten getan hast, hast du mir getan. Das war die ganze Zeit ich. Ich war jeder von ihnen. Das war immer ich."

Vater Agathon

Als einmal Vater Agathon in eine Stadt kam, um kleine Gefäße zu verkaufen, fand er neben dem Wege einen Aussätzigen. Der fragte ihn, wohin er gehe. Vater Agathon antwortete: „In die Stadt, um Gefäße zu verkaufen." Da sprach er zu ihm: „Tu mir die Liebe an und bring mich dort hin." So nahm er ihn auf und trug ihn in die Stadt. Er sprach zu ihm: „Da, wo du deine Gefäße verkaufst, da lege mich hin", und Agathon tat so. Nachdem er ein Gefäß verkauft hatte, fragte ihn der Lepröse: „Um wie viel hast du es verkauft?" Er antwortete: „Um so und so viel." Und der Lepröse bat ihn: „Kaufe mir einen Kuchen!", so kaufte er einen. Und wiederum verkaufte Agathon ein Gefäß, und der andere fragte: „Um wie viel das?" „Um so viel …" Und er sprach zu ihm: „Kaufe mir das!" Und er kaufte es. Nachdem er alle Gefäße verkauft hatte und heimkehren wollte, sagte der Kranke zu ihm: „Du gehst?" Er antwortete: „Ja." Da sprach er zu ihm: „Tu mir den Gefallen und bringe mich wieder dahin, wo du mich fandest." Agathon nahm ihn auf die Schulter und brachte ihn an seinen Ort. Der Aussätzige aber sprach: „Gesegnet bist du, Agathon, vom Herrn im Himmel und auf Erden." Als Agathon seine Augen erhob, sah er niemanden. Denn es war ein Engel des Herrn, der gekommen war, ihn zu prüfen.[2]

see my face

I walk to a 24-hour corner store
east hastings and gore
12:30 in the morning
the air is raw
a hooker inside the place says
„can you buy me a cigarette?"

I do
and she tries to give me some change
I say „you asked me to buy it for you
it's yours"
„thanks" she says and adds
„I got attacked tonight
see my face"

she pushes back long brown strands of hair
„two women jumped me"

I look at
the wounds
and blood
across her cheek and nose and ear and neck

„my old man was there" she says
„and he ran off and left me
he ran off with all my rent money
now I'm homeless
thanks for the cigarette"

and she walks away

the hebrews said you could not look
on the face of god
and live

but if you could
I think god's face
would look a lot
like hers

Bud Osborn (mit freundlicher Genehmigung)

Sieh mein Gesicht an

Ich gehe in einen Laden an der Straßenecke, der rund um
die Uhr geöffnet ist,
East Hastings und Gore,
nachts um halb eins,
nasskaltes Wetter.
Eine Heroinabhängige im Laden sagt:
„Kannst du mir eine Zigarette kaufen?"

Ich tue es,
und sie will mir ein paar Münzen geben.
Ich sage: „Du hast doch gefragt, ob ich sie dir kaufe.
Sie gehört dir."

„Danke", sagt sie und fügt hinzu:
„Ich bin heute Nacht überfallen worden.
Sieh dir mein Gesicht an."

Sie schiebt lange braune Haarsträhnen zurück.
„Zwei Frauen haben sich auf mich gestürzt."

Ich sehe
die Wunden
und Blut
quer über ihre Wange und an ihrer Nase und ihrem Ohr
und ihrem Hals.

„Mein Alter war da", sagt sie,
„und er ist abgehauen und hat mich alleingelassen.
Er ist mit meinem ganzen Mietgeld abgehauen,
jetzt bin ich obdachlos.
Danke für die Zigarette."

Und sie ging weg.

Die Hebräer sagten, man könne
Gott nicht ins Angesicht sehen und
weiterleben.

Aber wenn man es könnte –
ich glaube, Gottes Gesicht
würde ganz ähnlich aussehen
wie ihres.

Teil 4

Wie Jesus Gemeinschaft zulassen

Jesus wurde wegen der Art und Weise, wie er aß, getötet.

R. J. Karris

Das Vaterhaus wird bald seine Türen öffnen. Mein Tisch wird in den vor uns liegenden Tagen sehr wichtig werden. Mein Volk wird die Wahrheit des Bundes verstehen müssen und die Früchte echter und enger Gemeinschaft kosten. Ich bin dabei, meiner Braut eine neue Offenbarung im Blick auf meinen Tisch zu geben, und sie wird an meinem Tisch sitzen und geheilt werden. Mein Haus hat Raum für alle, die kommen, und das Festessen auf meinem Tisch wird reichen, die Hungrigen zu sättigen.

Willy Soans, Prophetische Botschaft vom 9. November 2000

19

Offener Tempel, offener Tisch

Brad Jersak

Und Jesus ging in den Tempel hinein und trieb heraus alle Verkäufer und Käufer im Tempel und stieß die Tische der Geldwechsler um und die Stände der Taubenhändler und sprach zu ihnen: Es steht geschrieben (Jesaja 56,7): „Mein Haus soll ein Bethaus heißen"; ihr aber macht eine Räuberhöhle daraus. Und es gingen zu ihm Blinde und Lahme im Tempel, und er heilte sie. Als aber die Hohepriester und Schriftgelehrten die Wunder sahen, die er tat, und die Kinder, die im Tempel schrien: Hosianna dem Sohn Davids!, entrüsteten sie sich und sprachen zu ihm: Hörst du auch, was diese sagen? Jesus antwortete ihnen: Ja! Habt ihr nie gelesen (Psalm 8,3): „Aus dem Munde der Unmündigen und Säuglinge hast du dir Lob bereitet"?

Matthäus 21,12-16, Luther

Ein geöffneter Tempel

Am Tag, als Jesus in den Vorhof des Tempels ging und die Geldwechsler verjagte, da leerte er diesen Ort eigentlich nicht, sondern bereitete ihn vor, sich zu füllen. Sein Angriff richtete sich gegen die Ungerechtigkeit des Ausschlusses und des geistlichen Missbrauchs (vgl. Mt. 21,13; Jer. 7,5-11). So, wie der Autor Steve Chalke bemerkt:

> Der Tempel hatte sich zu einer riesigen Filteranlage entwickelt, mittels der die religiösen Führer und Oberpriester alle diejenigen, die unerwünscht waren, vom Zugang zu Gott abhalten und ausschließen konnten … Obwohl der Tempel „ein Bethaus für alle Völker" sein sollte (Jes. 56,7) und ein Ort, der alle einschloss und an dem jedermann willkommen war, bot er sich Jesus als das exakte Gegenteil dar. Er war zu einem Symbol jüdischer Ausschließlichkeit und Diskriminierung geworden – und musste als solcher verschwinden.[1]

Was sah Jesus an jenem Tag? Der Eine, der aus Liebe zur ganzen Welt die Arme am Kreuz weit ausstrecken würde, als Einladung für jedermann: Wie bot sich der Tempel seinen Augen dar. *Was dachte er?*

Er sah das Allerheiligste, von dem jeder, mit Ausnahme des Hohepriesters, durch einen gewaltigen Vorhang ausgeschlossen war. *Ich sollte diesen elenden Vorhang entzweireißen und die Tür dauerhaft öffnen.* Er sah den heiligen Ort, an dem nur die Priesterschaft dem Herrn dienen konnte. *Ich sollte ein Priestertum für alle, die glauben, einrichten, eines, zu dem jeder Zutritt hat.* Er sah eine Trennwand, welche Frauen, Kinder und Heiden (buchstäblich, um mindestens fünf Meter) von dem erhöhten Platz fernhielt, in dessen Genuss nur Männer kamen. *Ich sollte die Wand einreißen und den Platz einebnen. Keiner sollte draußen oder drinnen sein, erhöht oder niedrig.* Er sah das von „Gorillas" bewachte Tor, die, unter Androhung der Todesstrafe, alle Behinderten und Sünder außen vor hielten, wobei mit „Sünder" diejenigen bezeichnet wurden, die den Heiligkeits-Code verletzt hatten und denen es unmöglich war, durch den „Reinigungs-Reifen" zu springen, häufig schlicht deshalb, weil sie es sich nicht leisten konnten. *Ich sollte hier einen solchen Tumult veran-stalten, dass selbst die Lahmen und Sünder hereinschlüpfen können. Ich sollte sie heilen und ihnen vergeben, sie reinigen durch nur die eine Opfergabe, die ich selbst bin. Und ich sollte es jetzt tun! Ich sollte das Wort des Herrn, das durch Jesaja überbracht wurde, erfüllen:*

> Passt auf, dass kein Außenseiter, der Gott jetzt nachfolgt, je Anlass hat zu sagen: „Gott hat mich zweiter Klasse gemacht. Ich gehöre nicht wirklich dazu." Und passt auf, dass keinem Körperbehinderten je der Gedanke vermittelt wird: „Ich bin Ausschussware. Ich gehöre nicht wirklich dazu."
>
> Denn Gott sagt: „Den Versehrten, die meinen Sabbat halten und sich für das entscheiden, was mich freut, und an meinem Bund festhalten, will ich einen Ehrenplatz in meiner Familie und meiner Stadt verschaffen, der noch ehrenvoller ist als der von Söhnen und Töchtern. Ich will ihnen immerwährende Ehrungen zukommen lassen, die nie zurückgenommen werden.
>
> Und was die Außenseiter angeht, die mir jetzt nachfolgen, für mich arbeiten, meinen Namen lieben und meine Diener sein wollen – alle, die den Sabbat halten und ihn nicht be-schmutzen, die an meinem Bund festhalten –, ich bringe sie zu meinem heiligen Berg und gebe ihnen Freude in meinem Bethaus. Sie sind ebenso zum Gottesdienst willkommen wie die „Insider", um Brandopfer und Opfer zu meinem Altar zu bringen. Oh ja, mein Haus der Anbetung wird als ein Bethaus für alle Menschen bekannt sein. (Jes. 56,3-7, nach *The Message*)

Also kamen sie. Schauen Sie, wer unmittelbar nach der Tempelreinigung dort hineinging: die Geringsten! Zunächst die Blinden, Tauben, Lahmen und Verstümmelten. Und Jesus fing an, sie alle zu heilen. Dann die Kinder … LAUTE Kinder, die ihren Lobgesang hinausschrien und sich weigerten, leise zu sein. Was für ein herrliches Durcheinander unbändiger Freude! Und was für ein Affront für die auf religiöse Schicklichkeit Be-dachten! Die armen Pharisäer und Priester, die umherrannten und versuchten, alles wieder unter Kontrolle zu bekommen! Doch der Schaden war angerichtet. Die Heilungsversammlungen würden weitergehen und das alte System bliebe für den Rest der Woche „offline". Nur eine Hinrichtung würde dieser Anarchie ein Ende setzen können. Ein Ende? Nein! Das Kreuz würde erst den wahren Anfang machen, den Schuldbrief, der mit seinen Forderungen gegen uns war, für immer ans Kreuz heften (Kol. 2), das Allerheiligste für alle Zeiten jedem, der kommt, öffnen (Hebr. 10) und die Scheidewand zwischen Juden und Griechen, männlich und weiblich, Freien und Sklaven dauerhaft einreißen (Gal. 3)!

Offener Tisch

Herzstück des christlichen Gottesdienstes ist nunmehr nicht länger das Allerheiligste, sondern der Abendmahlstisch. Wie ein großes Drama baut sich die historische christliche Gottesdienstordnung ganz richtig auf den Höhepunkt, nämlich den Tisch des Herrn, hin auf. Es beunruhigt mich zutiefst, wie Kirchenleitungen das Ausschließende des Tempelsystems am Abendmahlstisch zunehmend wiederauferstehen lassen. Anstatt ihn für alle zu öffnen, neigt die Kirche dazu, den Zugang auf diejenigen zu beschränken, die als „die Reinen" gelten.

Was sieht Jesus, wenn er sich diese Situation anschaut? Was denkt er? Häufig sieht er eine elitäre Gruppe (Priester, Diakone, Männer), die sich das Recht vorbehalten, das Abendmahl auszuteilen. Er sieht den Abendmahlstisch allen außer den getauften Gliedern verwehrt. Er hört, wie die Verantwortlichen strenge Warnungen vor Verdammnis gegenüber den „Sündern" aussprechen, die unwürdig essen, wie sie diejenigen, die „nicht recht mit dem Herrn stehen" oder die zu jung sind, oder Außenstehende mahnen, das Brot lieber nicht zu essen und vom Kelch lieber nicht zu trinken.

Wir übersehen dabei, dass die für diesen Ausschluss üblicherweise benutzte Belegstelle (1. Kor. 11,20-34) diejenigen als unwürdig kennzeichnet, die andere beim „Liebesmahl" missachten. Paradoxerweise feierten die Korinther den Leib Christi in Brot und Wein, während sie ihn gleichzeitig missbrauchten, indem sie Menschen geringschätzig behandelten. Ebenso paradox und nicht weniger übel ist, dass wir nun Paulus' Worte gebrauchen, welche diesen Ausschluss verurteilen, um unsere Verfahrensweise beim Ausschluss vom Tisch des Herrn zu untermauern. Schlimmer noch als lediglich die Tempeltür zu hüten, stellen wir mit der Zugangsbeschränkung zum Tisch des Herrn religiöse Hürden auf, die dem „Sünder" den freien Zugang zum gebrochenen Leib und vergossenen Blut Christi versperren. Wer ist es, der in einem solchen Szenario unwürdig isst und trinkt?

Bobby

Darauf kam ich nicht auf theologischem Wege, sondern indem ich das Wirken Christi in, an und durch die „Geringsten unter uns" beobachtete, als wir den Tisch in unserer Gemeinde öffneten. Wir spürten, dass der Herr sagte: „Mein Haus soll ein Gebetshaus für alle sein" und dies sehr buchstäblich meinte, und so fingen wir an, unser wöchentliches Abendmahl zu öffnen. Zu jedem Moment des Gottesdienstes können Familien, Freunde und Einzelne sich zum offenen Tisch des Herrn begeben, um Gebet, Salbung mit Öl, Handauflegung, ein prophetisches Wort und das Mahl des Herrn zu empfangen. Jeder, der kommt, ist willkommen, zu schmecken und zu sehen, dass der Herr gut ist. Die, welche am Tisch dienen, decken ein weites Spektrum ab, vom pensionierten Pastor über jugendliche Propheten und Fürbitter, über Menschen mit Behinderungen bis hin zu kleinen Kindern.

Was bei meinen Überlegungen zum offenen Tisch letztlich den Ausschlag gab, war eine Begebenheit mit Bobby, einem Burschen, der es mag, den Gottesdienst von seinem Rollstuhl aus zu beaufsichtigen, den seine Pfleger am Haupteingang (als Torhüter) oder auf dem Podium (als Bodyguard) platzieren. Bobby kommuniziert normalerweise mit Pfiffen, Lachen und Kreischen. Doch er kennt *ein* Wort, und das kann er laut brüllen. Zu jeder sich bietenden Gelegenheit ruft er *„HO!"* Und wenn er das macht, dann antworten wir gern auf die gleiche Weise.

Als Bobby eines Morgens „Ho!" sagte, spürte ich den Herrn sagen: „Er gibt bekannt, dass der Tisch jetzt geöffnet ist." Und dann brachte mir Jesus die Worte Jesajas ins Gedächtnis:

Auf [engl.: „Ho!"], ihr Durstigen, kommt zum Wasser! Geht los, auch wenn ihr kein Geld habt. Geht, kauft Getreide und esst. Wer kein Geld hat, versorge sich kostenlos mit Korn. Geht hin und besorgt euch Wein und Milch, ihr braucht nicht zu bezahlen. Warum solltet ihr euer Geld für etwas ausgeben, das kein Brot ist, euren Lohn für etwas, von dem ihr nicht satt werdet? Hört zu und esst Gutes und eure Seele wird satt werden. Kommt zu mir und sperrt die Ohren auf! Hört mir zu und eure Seele wird leben. Ich will einen ewigen Bund mit euch schließen. Er soll so verlässlich sein wie die Gnade, die ich an David bewiesen habe. (Jes. 55,1-3 NL)

Durch beide – Bobby und Jesaja, denn sie haben denselben Heiligen Geist – spricht Gott seine Einladung zum freien, geöffneten Mahl seines ewigen Bundes in Jesus Christus, des Sohnes Davids, aus. Wann immer Bobby jetzt „Ho!" ruft, erinnern wir jedermann an diese Einladung.

Eine inklusive Einladung und ein exklusiver Dienst

Meine ich bei all dem Reden von Einbeziehung, dass alles geht? Dass *jeder* essen kann? *Selbst der Ungläubige?*

Ich glaube, dass, seitdem Jesus den Tempel gereinigt hat, jeglicher Ausschluss vom Tempel und von seinem Tisch absolut unzulässig ist. Der Tisch des Herrn ist für alle, deren Seelen dürsten, für alle, die von Sünde und Schuld reingewaschen werden müssen, für alle Leiber, die Heilung brauchen – keiner wird ausgesperrt, buchstäblich.

Aber nicht alles geht. Ohne als Richter über andere Religionen und ihre Riten auftreten zu wollen, bin ich als Diener Christi nur befugt, sein Menü zu servieren. So wissen alle, die zum Tisch hinzutreten, dass wir Vergebung von Sünden und Heilung von Zerbruch servieren, die durch das Versöhnungswerk Christi verfügbar ist (Jes. 53). Das bieten wir an – *exklusiv*. Darum ist es wahrhaft der Tisch des Herrn: Dort finden Sie keine Tarot-Karten, kein Kaffeesatzlesen und keine Figuren anderer Götter. Da wir exklusiv sind in dem, *worin* wir dienen, können wir sehr inklusiv sein in dem, *wem* wir dienen. Wenn ich sage: „Dies ist das Blut Jesu, das für eure Sünden vergossen wurde" und es dann freigebig austeile, sagen dann die, welche es freudig im Glauben nehmen, nicht Ja zum Evangelium als solchem? Oder nimmt diese Person nicht das Angebot an, zu schmecken und zu sehen, dass der Herr gut ist?

Liebe oder Crack?

Christi Einladung zur Tischgemeinschaft mit ihm erstreckt sich bis hin zu den krassesten Außenseitern der Gesellschaft. Er hatte einen schlechten Ruf, weil er sich mit Steuereintreibern und Huren sehen ließ. Er nahm ihre Einladungen an und wurde hin und wieder in ihrem Turf gesichtet. (Paparazzi hätten ihre Freude daran!)

Mein Freund Nathan Regier ist Pastor einer Gemeinde in Winnipeg, die für ihr einmaliges Motto bekannt ist: „Anbetung und Gerechtigkeit sollen sich küssen." Er mag es, nach dem verborgenen Wert derer zu forschen, die wir als „Bodensatz" bezeichnen würden, und nach der übertünchten Zerbrochenheit derer, die ganz oben sind, an den einflussreichen Plätzen. Und dann treffen sie sich, um Gemeinschaft zu haben. Sie haben einen Dienst, bei dem sie mit denen feiern, die für solche Anlässe eigentlich als ungeeignet gelten – die, denen es nicht vergönnt ist, fröhlich zu sein, Freude zu erleben oder Macht zu genießen.

Direkt neben ihrer Gemeinde befindet sich ein Hotel, das eigentlich als Crack-Höhle fungiert. Jeder Bewohner hat zwar ein Zimmer, doch wird es normalerweise als offener Schlafsaal für Abhängige, Prostituierte und die ganz Armen genutzt. Hier begegneten Nathan und seine Helfer einer Frau mit großen Problemen. Sie war eine Prostituierte, an Crack gewöhnt, und hatte Schulden bei einer örtlichen Gang. Die betrugen 20 kanadische Dollar plus Zinsen – 10 Dollar am Tag und zudem jeden Tag Schläge. Sie war jetzt bei 40 Dollar angelangt und zwei Mal geschlagen worden.

Die Leute aus Nathans Gemeinde lösten sie aus und fingen an, ihr mit Liebe und Wertschätzung zu begegnen. Sie erzählten von der Liebe Jesu zu ihr als Alternative zum Crack. Sie entgegnete: „Ihr sprecht von der Wahl *Liebe oder Crack*, doch Crack bekommt man so leicht – und Liebe so schwer."

Vor dieses Dilemma gestellt, machten die Christen folgenden Vorschlag: Jeden Tag würden sie einige der Mitarbeiter aus der Gemeinde besuchen, ihr das Abendmahl geben und dafür beten, dass die Liebe Gottes ihr Herz und ihr kleines Zimmer erfüllen möge. Ziel war, ein derartiges Bewusstsein für Gottes Liebe und Herrlichkeit anzuhäufen, dass sie dazu so schnell und leicht Zugriff haben konnte wie auf Crack. Vielleicht würde Gottes Liebe, zusammen mit Brot und Wein, helfen, ihre schlechten Gewohnheiten zu besiegen.

Während die Gruppe dann täglich ihren Dienst im Zimmer der Prostituierten verrichtete, fing die Liebe Gottes an zu wirken. Zunächst einmal wurde sie Christ. Dann verringerte sich ihr Crack-Konsum von zwei Mal täglich auf zwei Mal die Woche. Und drittens fingen andere Abhängige und Prostituierte an, sich an ihrer Zimmertür zu versammeln und um eine Einladung zum Tisch zu bitten. Was für ein merkwürdiger Ort für einen Abendmahlstisch – nicht geradezu skandalös? Doch rufen wir uns wieder die Warnung Christi ins Gedächtnis:

Ich versichere euch: Bestechliche Steuereinnehmer und Huren kommen eher ins Reich Gottes als ihr. Denn Johannes der Täufer kam und zeigte euch den Weg der Gerechtigkeit, und ihr habt ihm nicht geglaubt. Die Steuereinnehmer und Huren dagegen haben ihm geglaubt. Obwohl ihr das alles gesehen habt, wolltet ihr nicht umkehren und ihm glauben. (Mt. 21,31b–32)

Ein Tisch der Heilung

Das Mahl des Herrn ist nicht nur ein für alle zugänglicher Tisch. Ich glaube, es ist auch ein Tisch der Heilung. Auf geheimnisvolle, doch sehr reale Weise ist Christus in dem Mahl gegenwärtig. (In den Elementen? Im Akt der Teilhabe? In der Person, die es austeilt? In all dem?)

Natürlich stimmt mir nicht jeder zu. Als massive Über-reaktion auf die „Magie", die sie in der katholischen Trans-substantiationslehre ausgemacht haben (der Auffassung, dass sich Brot und Wein buchstäblich in Fleisch und Brot verwandeln), beteuern die meisten evangelikalen und täu-ferischen Strömungen, dass es beim Tisch des Herrn „nur um Symbolik" geht.

Ich weiß nicht, wie oft ich mir das als Junge angehört habe, bis ich schließlich überzeugt war: *Dies ist NICHT sein Leib. Dies ist NICHT sein Blut. Das ist nur Traubensaft. (Wein verboten!) Dies ist nur Brot. Dies ist nur ein Symbol. Dies ist kein Wunder. Dies ist nichts Geheimnisvolles. Dies ist nur zur Erinnerung. Und jetzt ist es an der Zeit, dass ich mich hinlänglich für meine Sünden zerschlage, bis ich würdig bin, diese Dinge, die ja nur Symbole sind, zu essen. Zum Glück bin ich nicht wie diese abergläubischen Katholiken, die tatsäch-lich meinen, Blut zu trinken und das Fleisch und die Knochen Christi zu kauen.*

Ich redete mir das so lange ein, bis – bis eines Tages das Geheimnis verschwunden war und damit auch die Gegenwart Jesu. Ich konnte mir die Geschichte der Leiden Jesu in Erinne-rung rufen, doch fand ich den lebendigen Christus dort nicht mehr. Dankenswerterweise gaben mir die gleichen Gemeinden eine Liebe und das Vertrauen in die Schrift mit auf den Weg, und dort las ich dann wieder: „Dies ist mein Leib. Dies ist mein Blut." Und: „Wenn ihr nicht von meinem Fleisch esst und von meinem Blut trinkt, habt ihr keinen Teil an mir." Und: „Mein Fleisch ist wahre Speise und mein Blut ist wahrer Trank!" (vgl. Jh. 6). Und so fing ich wieder an zu glauben – nicht an etwas, was ich irgendwie ergründen konnte, sondern an ein Geheimnis: dass Christus auf einzigartige Weise an dem Tisch gegenwärtig ist. Ich fing an, den Tisch zu beobachten. Hier einiges von dem, was ich da sah …

Quenton will 'n Cracker

Als Quenton das erste Mal in unsere Gemeinde kam, war klar, dass er schwierig sein würde. Er ist eine liebenswürdige Person, die unter Autismus leidet und offensichtlich häufig von Erinnerungen an seine Zeit im Pflegeheim gequält wird. Er durchlebt diese Erfahrungen mit Worten, indem er verstörende Sätze wie „Halt den Mund, Benson [sein Nachname]! Hier kommen die Stöcke! Hier kommen die Nadeln!" von sich gibt.

Es stellte sich heraus, dass er es mochte, während des Gottesdienstes mit dem Prediger zu interagieren. Mit dröhnender Stimme konnte er dann rufen: „Halt die Klappe, Prediger! Zeit, nach Hause zu gehen!" (Ich glaub, meistens hatte er Recht.)

Bei seinem ersten Besuch in unserer Gemeinde wurde Quenton von seiner Pflegerin Priscilla begleitet. Sie hatte schon Erfahrungen mit Gemeinde gemacht, zum Teil recht schlechte. Sie kam nur mit, weil ihr Job es erforderte, und ich wage mal zu sagen, dass sie damit nicht sehr glücklich war.

Zwar verhielt er sich während der Lobpreiszeit ganz ordentlich, doch als Brian West, unser Redner an dem Morgen, anfing zu predigen, wurde er lebhaft und laut. Doch anstatt das als Unterbrechung zu werten, fing Brian an, mit Quenton zu interagieren. In dem Moment wurde Quenton vom Abendmahlstisch angezogen. „Ich will 'n Cracker! Ich will 'n Cracker!"

In Sorge darüber, wie wir wohl reagieren würden, versuchte Priscilla, ihn zu beruhigen. Doch ich schlich zum Tisch hinüber und brachte Quenton den Abendmahlsteller. Er fing an, alles zu verschlingen und verfiel dann in einen friedvollen Zustand. Ich dachte: „Super, die Cracker beruhigen ihn." Doch der Herr wies mich zurecht: „Nein. Mein *Leib* bescherte ihm *Frieden*." Seine Worte erschütterten mich. Vielleicht waren einige über diese Art, in der der Tisch für Quenton geöffnet wurde, erzürnt, doch Jesus war es ganz bestimmt nicht.

Quenton

Ein schönes Ergebnis dieser Begegnung war Priscillas Reaktion. Sie sagte: „Wenn das die Art und Weise ist, wie ihr in der Gemeinde Leute wie Quenton behandelt, dann bin ich dabei." Sie kam von da an regelmäßig, machte ihren Frieden mit Gott und der Gemeinde und war nach einem Jahr unsere Jugendleiterin. Zudem initiierte sie einen Dienst an den Armen, den wir *The Blessing Bag* nannten. Danke, Quenton!

Ein zweiter Vorfall, der mit Quenton und dem Tisch zu tun hatte, ereignete sich einige Jahre darauf. Aus schwerwiegenden medizinischen Gründen war Quenton jetzt ans Haus gefesselt und konnte acht Monate lang gar nicht zur Gemeinde kommen. Aber während der Karwoche wagten es einige Pfleger, ihn heranzuschaffen. Zu Beginn wurde ihm das Abendmahl gebracht und er fing an zu weinen. Das war auffällig, weil jemand, der seit zehn Jahren mit Quenton gearbeitet hatte, uns berichtete, dass er sich nie auf diese Weise emotional ausgedrückt hätte.

Es war eine Art Durchbruch auf der Herzens-Ebene (ein Ergebnis war, dass auch die Gewalt aufhörte). Er weinte noch weitere zwanzig Minuten und bat mich dann, ihm gesondert noch ein zweites Mal das Abendmahl zu geben. Nachdem ich ihm gedient hatte, setzte er sich auf seinen Platz.

Teil des Gottesdienstes war eine leicht dramatisierte Lesung der Passionsgeschichte, angefangen beim Gebet Jesu in Gethsemane bis hin zur Auferstehung. Als ich aus Jesu Gefangennahme zitierte, wurde Quenton aufgeregt und redete dazwischen. Ich las, wie Petrus das Schwert zog und Malchus das Ohr abschlug, da fing Quenton an zu schreien: „Lasst den Mann in Ruhe! Lasst den Mann in Ruhe!" Jesus entgegnete: „Petrus, steck dein Schwert weg, denn wer durch das Schwert lebt, wird durch das Schwert umkommen." Quenton ließ sich wieder zurückfallen und entspannte sich. Über der Versammlung lag eine gedämpfte Stille, einige weinten angesichts dieses intimen Dialogs zwischen Quenton und dem Herrn in Gethsemane.

Ich fuhr mit der Beschreibung der Kreuzigung fort, legte zwischen den Worten Jesu am Kreuz jeweils eine Pause ein. Während einer dieser Stillephasen meldete sich Quenton klar und deutlich zu Wort: „Ich möchte Wasser zu trinken. Ich möchte Wasser zu trinken." Dann las ich den nächsten Vers: „Danach, als Jesus wusste, dass alles schon erfüllt war, spricht er, damit die Schrift erfüllt würde: *Mich dürstet!*" (Jh. 19,28).

Was geschah da? Ich bin mir nicht sicher, doch habe ich das Gefühl, dass Quenton dort am Tisch eine Heilung erfuhr, die es ihm ermöglichte, in die Passionserzählung einzusteigen und sie mitzuerleben – und uns mitzunehmen. Genauso wunderbar waren die Nachwirkungen auf Quentons Gesundheit. Die medizinischen Probleme wurden behoben, und er konnte wieder Ausflüge und Besuche machen.

Vater Kornell

Während wir am Mehr-als-nur-ein-Symbol-Abendmahlstisch nach der heilenden Gegenwart Gottes Ausschau hielten, schickte der Herr uns einen pensionierten anglikanischen Priester. Kornell war von seiner Kirche desillusioniert und hatte gebetet: „Dad, meine Kirche macht mich krank. Ich werde nicht mehr hingehen." Und doch fand es sich, dass er uns zwei Jahre später immer öfter und regelmäßiger besuchte. Schließlich schloss er sich unserem Gebetsteam an und diente am Tisch des Herrn.

Kornell

Großartig ist, dass Kornell bereits um die Wahrheit der realen Gegenwart Christi weiß, wenn er das Brot und den Wein austeilt. Wenn er mit beidem umhergeht, schaut er dir in die Augen und sagt: „Dies sind der Leib und das Blut Christi, für dich am Kreuz zerbrochen und vergossen. Nimm es und freue dich, denn du bist mit Christus gestorben und mit ihm auferstanden." Und dann betet Kornell um die Shalom-Ganzheitlichkeit Gottes, um Leib, Seele und Geist jeder Person zu dienen.

Das Ergebnis? Einmal kam ein kleiner Junge mit einem unerklärlichen Hüftproblem an den Tisch. Unter Schmerzen hinkte er, es war ihm unmöglich, Fußball oder Hockey zu spielen. Seine Eltern konnten die Ursache des Problems nicht herausfinden, doch sie kamen an den Tisch, wo Kornell um Heilung betete. Als der Junge am nächsten Morgen aufwachte, war er vollständig geheilt.

Kurz darauf kam eine Frau namens Ruth an den Tisch. Sie ist eine außergewöhnliche Lobpreisleiterin und Klavierspielerin, hatte jedoch schlimme Schmerzen in einem Daumen, der für das Klavierspiel unverzichtbar war. Die Bänder waren angerissen, Knochen gebrochen und die Gelenke waren mittels Knochenspänen ruhiggestellt worden. Der Daumen war vollkommen unbeweglich. Die Ärzte konnten ihn nicht eingipsen und rechneten mit einer Ausheilzeit von mindestens acht Wochen – wenn er überhaupt je wieder heilen würde. Aber sie kam zum Gebet an den Tisch. Sie fragte Kornell, ob er für sie beten würde, und er legte ihren Daumen in seine kaputten Hände (die durch Arthritis schlimm verkrüppelt waren). Ruth konnte nicht hören, was er betete, weil die Lobpreismusik so laut war, doch binnen zwei Stunden war ihr Daumen völlig geheilt. Der Schmerz war weg, die Beweglichkeit wieder hergestellt – und Ruth hatte sogar genug Kraft, um meiner Frau am nächsten Morgen eine dreißigminütige Schultermassage zu verpassen!

Allison

So sehr ich es genieße, das Abendmahl durch Kornell in Empfang zu nehmen, so ist mir die Begegnung mit der kleinen Allison am Tisch der Herrn doch die liebste. Allison ist ein kleiner Schatz, ihre Eltern hatten sie in ihre wundervolle Familie adoptiert. Sie war erst zwei und teilte schon mit ihrer Mutti das Mahl aus. Sie sagt dann: „Du brauchst Gebet. Ich

Ally

will für dich beten. Ich will Öl auf dich tun." Ich knie mich dann vor ihr am Tisch hin (oder wo immer sie mich aufspürt) und sie streicht mir etwas Salböl auf die Stirn, legt dann die kleinen Finger an die Stelle und betet, manchmal auf Englisch und manchmal in einer mehr engelsgleichen Sprache. In diesen Zeiten werde ich zu 100 Prozent gesegnet. Das letzte Mal, als sie für mich betete, verschwand eine Migräne, unter der ich seit Tagen gelitten hatte, innerhalb einer Minute. Leider sind

Allison und ihre Eltern in eine andere Stadt gezogen, wo sie jetzt andere, mit denen sie in Kontakt kommen, segnen werden. Ich bin vielleicht ein bisschen sauer, dass sie weggezogen sind, doch eines Tages werden wir wieder am Tisch des Herrn zusammenkommen.

Wir glauben, dass Christus, wie er es mit dem Tempel seines Vaters getan hat, gekommen ist, auch seinen Tisch für alle zu öffnen. Der Tisch des Herrn ist mehr als nur ein Symbol. Er ist ein Ort, zu dem alle, die durstig und schwach sind, kommen dürfen, um eine Begegnung mit dem lebendigen Christus zu haben und die Gabe der Gnade zu empfangen. Die Kinder und die Kindlichen haben uns gelehrt, dass solch eine Einbeziehung den Weg zu geheilten Herzen und geheilten Körpern bahnt.

Ein Festbankett

Also haben wir jetzt den Schritt vom Tempel hin zum Tisch des Herrn getan, doch dürfen wir da nicht stehen bleiben. Das Abendmahl stellt das Eingangstor zu einer weit größeren Realität dar: Das Reich Gottes ist ein geöffnetes Festbankett, zu dem Christus jeden von uns geladen hat – besonders die Geringsten unter uns.

All das Reden über den offenen Tisch sollte uns an die vielen Mahlzeiten erinnern, die Jesus während seines Dienstes eingenommen hat. Die Evangelien berichten von so vielen Abendessen, dass ich überzeugt bin, dass, wenn Jesu irdischer Dienst je in meine Stadt gekommen wäre, sein erster Tagesordnungspunkt der gewesen wäre, ein Restaurant auszuwählen – und keine Kirche! Doch wirklich bewegend ist weniger, wo Jesus aß, als mit wem. Steve Chalke drückt es besser aus als ich:

Die Mahlzeiten im Palästina des ersten Jahrhunderts spiegelten die Gesellschaft als Ganzes im Kleinen wider. Sie kamen gesellschaftlichen Stellungnahmen gleich – es war von großer Bedeutung, mit wem man sie einnahm … Die Pharisäer sahen ihre Tafeln als „kleine Tempel" an. Sie bestanden darauf, nur in Gemeinschaft solcher zu essen, die sich zuvor gereinigt hatten (also Menschen im Zustand ritueller Reinheit; siehe Mk. 7,2-4). Bei diesen Mahlzeiten war es weniger von Belang, was man aß, als mit wem man aß.[2]

Die jüdische Tafel war ein genauso aggressives Kastensystem wie andere in der östlichen Hemisphäre. Überschreite die Grenzen und du wirst allein schon deswegen als unrein angesehen, als Sünder.

Jesu Entgegnung widerspricht dieser Etikette derart, dass wir davon ausgehen müssen, dass seine Handlungen und Lehren bewusst aufrührerisch waren, ein Schlag ins Gesicht, wie ja auch das Umwerfen der Wechslertische im Tempel. Im Blick auf die gesellschaftlichen Gegebenheiten warf Jesus dauernd die Tische religiöser und kultureller Ausgrenzung um. Bei einer Mahlzeit nach der anderen zeigte er sich mit Steuereintreibern, Huren und anderen Sündern, die seine Gesellschaft sehr genossen. Seine Partybesuche machten ihn angreifbar für Anschuldigungen, er sei ein Schlemmer und Säufer und – *Schande!* – ein Freund der Sünder (Mt. 11,19).

Als er weiterging, sah er Levi, den Sohn des Alphäus, am Zollhaus sitzen. „Komm, folge mir nach", sagte Jesus zu ihm. Da stand Levi auf und folgte ihm nach. Danach lud Levi Jesus und seine Jünger zum Essen ein. Er bat auch viele Steuereintreiber und andere Menschen, die als Sünder galten, dazu. Viele von ihnen gehörten zu der Menge, die Jesus folgte. Als nun aber einige der Schriftgelehrten, die zu den Pharisäern gehörten, sahen, dass Jesus mit diesen Leuten aß, sagten sie zu seinen Jüngern: „Warum isst er mit diesem Abschaum?" (Mk. 2,14-17 NL)

Weit davon entfernt, irgendwie Angst zu haben, sich in dieser Gesellschaft „anzustecken", glaubte Jesus, dass seine Gegenwart das Essen und den Wein vielmehr in gewisser Weise mit seiner heilenden Liebe „würzen" könne. Die Pharisäer dachten, dass der Gemeinschaft die Reinigung vorangehen müsste: Du musst rein sein, dann darfst du mitmachen und von Gottes Liebe berührt werden (so wie im Tempel). Jesus sah es genau andersherum: Du trittst ein und kommst nahe genug heran, um von der Berührung Gottes gereinigt zu werden. In der Tat war es so, dass Jesus die Sünder, indem er mit ihnen aß, für rein erklärte. Darum aß Jesus nicht nur selber immer wieder in den Häusern der Außenseiter (erinnern Sie sich an Zachäus?), sondern er erwartet von uns dasselbe.

Dann wandte er sich an seinen Gastgeber: „Wenn du mittags oder abends Gäste zum Essen einlädst, dann lade nicht deine Freunde, Brüder, Verwandten oder reichen Nachbarn ein. Denn sie werden es dir vergelten, indem sie dich ebenfalls einladen. Lade vielmehr die Armen, die Krüppel, die Gelähmten und die Blinden ein. Bei der Auferstehung der Gottesfürchtigen wird Gott dich belohnen, weil du Menschen eingeladen hast, die es dir nicht vergelten konnten."

Als ein Mann, der mit Jesus am Tisch saß, das hörte, rief er aus: „Gesegnet sind die, die am Festessen im Reich Gottes teilnehmen!"

Jesus antwortete ihm mit folgendem Gleichnis: „Ein Mann bereitete ein großes Fest vor und verschickte viele Einladungen. Als alles vorbereitet war, sandte er seinen Diener aus, der den Gästen sagen sollte, dass es Zeit war, zum Fest zu kommen. Aber sie fingen alle an, Entschuldigungen vorzubringen. Einer sagte, er habe gerade ein Feld gekauft und wolle es nun begutachten; er bat, ihn deshalb zu entschuldigen. Ein anderer erklärte, dass er gerade fünf Paar Ochsen gekauft habe und sie prüfen wolle. Wieder ein anderer hatte gerade geheiratet und meinte, er könne deshalb nicht kommen.

Der Diener kam zurück und berichtete seinem Herrn, was sie gesagt hatten. Da wurde der Herr zornig und sagte: ‚Geh hinaus auf die Straßen und Wege der Stadt und lade die

Armen, die Krüppel, die Lahmen und die Blinden ein.' Der Diener tat, was ihm aufgetragen worden war, und berichtete dann: ‚Wir haben noch Platz für weitere Gäste.' Da sagte sein Herr: ‚Geh hinaus auf die Landstraßen und hinter die Hecken und bitte jeden, den du findest, zu kommen, damit das Haus voll wird. Denn keiner von denen, die ich zuerst eingeladen habe, soll auch nur das Geringste von dem bekommen, was ich für sie vorbereitet hatte.'" (Lk. 14,12-24 NL)

Was, wenn Jesus das so gemeint hat? Was, wenn das auf gesellschaftlicher Ebene so gemeint war, dass er seine Jünger tatsächlich aufruft, seinen Anordnungen hinsichtlich sozialer Zusammenkünfte zu gehorchen? Was, wenn wir, statt unsere Privatpartys zu feiern und die Überbleibsel der Armenspeisung zukommen zu lassen, tatsächlich mit „den Geringsten" essen würden? Jesus hat im Sinn, dass der Top-Steuerberater dabei gesehen wird, wie er den Obdachlosen bittet, ihm die Butter zu reichen. Der Herr Doktor wischt dem Gelähmten, der kaum das Essen im Mund behalten kann, das Kinn ab. Der Drogenabhängige und der Lobpreisleiter reden miteinander, lachen und tauschen sich aus. Die einzige Voraussetzung zur Teilnahme an der Familienmahlzeit lautet, „Ja" zur Einladung zu sagen.

Und was wäre schließlich, wenn Jesus dies als nicht vom Abendmahl zu unterscheiden ansehen würde? Das ist so, als würde man an solch einem Liebesmahl teilnehmen, zu dem einen Freunde eingeladen haben – und man findet sich in der Familie Gottes wieder, schmeckt seine Güte beim „Mahl, das für dich bereitet ist". Und was, wenn einen das Schritt für Schritt zur Erlösung führen würde?

Dies habe ich gegen dich …

So langsam fange ich an zu sehen, wie dies in unserer Gemeinschaft passiert. Vor Jahren bat ich den Herrn um einen Brief an unsere Gemeinde, so in der Art wie in der Offenba-

rung, wo jedes der Schreiben eine Bestätigung, einen Kritik-
punkt und eine Verheißung beinhaltete.

Als es bei uns dann Zeit für die Kritik war, fühlte ich Gott
sagen: „Ihr trefft euch in eurer Gemeinde seit über fünf Jahren, aber ihr seid immer noch keine Familie geworden. Und
immer, wenn ich euch das sage, veranstaltet ihr ein Grillfest,
aber das funktioniert nicht."

Der Stachel der Wahrheit bohrte sich durch diese Worte in
mich. Jeder, der verletzt, gereizt oder auch nur müde war, konnte
in letzter Minute in die Gemeinde hereinhuschen und sich am
Ende schnell aus dem Staub machen. Sie konnten jahrelang kommen, ohne je echte Gemeinschaft zu erleben. Die Grillfeste waren
zu klein und zu selten. Wenn wir es mit einem Mittagsessen nach
dem Gottesdienst versuchten, nahmen nur wenige teil.

Die Leiterschaft fing an zu beten und Gott führte uns so,
dass wir einen monatlichen „Suppen-Sonntag" einführten.
Dreißig Minuten Lobpreis, eine sehr kurze Botschaft oder ein
Zeugnis, dann bauen wir ein Suppenbuffet auf, zu dem viele
etwas beisteuern – das Ganze dann nicht *nach* dem Gottesdienst, sondern *als* Gottesdienst. Am Anfang drängten sich da
eher Grüppchen von Familien und engen Freunden, doch nach
einiger Zeit fielen die sozialen Schranken in sich zusammen.
Unterhaltungen führten zu Beziehungen – und siehe da: Eine
Familie entstand und wuchs! Als dann diejenigen, die sich
als „Sünder" ansahen, merkten, dass sie geliebt und nicht
verachtet waren, wagten sie, auch andere zu diesem Mahl
einzuladen. Beziehungen wiederum führten zu Heilungen
und diese hier und da zu Taufen. Fragen Sie mich nicht, wie.
Irgendwo zwischen Linsensuppe oder Borschtsch und Tauf-
wasser verlor sich die Spur. Es hat irgendwas mit der Liebe
Gottes und der Tatsache zu tun, dass *jedermann* an unserer
Suppentafel willkommen ist und dass darum *jedermann* an
Gottes Festtafel kommen darf.

Der christliche Satanist?

Bei einem unserer Suppen-Sonntage fiel mir ein Mann auf, den ich Clark nennen möchte. Ich staunte aus zwei Gründen: Zunächst, weil man mir gesagt hatte, dass er den Satanisten-Club an der hiesigen Uni leiten würde. Und dann, weil mir klar wurde, dass ich auf meinem Weg zur Gemeinde an ihm vorbeigefahren war, ein Umstand, der anzeigte, dass er etliche Kilometer durch die Stadt gelaufen sein musste, um zu uns zu gelangen. Ich kenne Clark aus dem Coffeeshop, der unser beider zweites Zuhause ist, und wir haben ein paar gemeinsame Bekannte. Er ist ein netter Kerl und ein großartiger Rapper. Es war klasse, dass ihn jemand zu unserem bescheidenen Essen eingeladen hatte und dass er einiges auf sich genommen hatte, um persönlich darauf zu reagieren. Ich war beeindruckt, dass unsere Leute ihm kräftig aufluden und sich wohl wirklich darüber freuten, mit ihm zusammen essen zu können, anstatt zu ihm Abstand zu halten und mit geistlicher Kampfführung auf ihn loszugehen. Und tatsächlich: Vor Kurzem wurde Clark auch „einer von uns".

Um es kurz zu machen: Es gab keine dramatische Bekehrungsgeschichte, mit der man ihn auf eine Tournee durch die christlichen Konferenzen hätte schicken können. Vielmehr fing Clark an, erst einmal im Monat zu kommen, später, wenn er es einrichten konnte, wöchentlich. Wie wir alle ist er auf seiner Glaubensreise, doch wir profitieren von seiner Gesellschaft. Ich weiß nicht, wie Sie bei dem Gedanken empfinden, mit einem „christlichen Satanisten" das Brot zu brechen, doch sag ich Ihnen eines: Ein Jahr nachdem er das erste Mal bei uns aufgetaucht war, lieferte er zu Ende der Lobpreiszeit in unserem Ostergottesdienst einen tiefgehenden prophetischen Rap ab – und dabei klang er weit mehr wie Jesus als wie Anton LaVey (der Gründer der amerikanischen *Church of Satan*; Anm. d. Üs.). Später überreichte er mir ein Geschenk, eine gebundene Ausgabe von Bruder Lorenz' *Leben in Gottes Gegenwart*. Ihm war nicht klar, dass ich das, wenn wir beide einen Kaffee zusammen trinken, bereits mache.

Ja, auch die Bisexuellen

Jill (nicht ihr wahrer Name) kam seit etwa einem Monat zu *Fresh Wind*, als sie mich um ein Treffen bei einer Tasse Kaffee bat. Sie wollte wissen, wie ich über Schwule, Lesben und Bisexuelle denke. Insbesondere interessierte sie, ob jemand, von dem ich wusste, dass er schwul war, immer noch in unserer Gemeinde willkommen sei. Nach eine Reihe sehr verletzender Erfahrungen wollte sie wissen, wie ich mit ihr umgehen würde.

Zunächst musste ich daran denken, dass Jesus in den Evangelien nie ausdrücklich Homosexualität angesprochen hatte. Aber aus Markus 2 wissen wir, dass sich unter seinen Jüngern viele „Sünder" befanden. Sie werden sich erinnern, dass die Bezeichnung „Sünder" alle die umfasste, die dem levitischen Heiligkeits-Codex nicht genügten, entsprechend wurde die Homosexualität verurteilt. Von dieser Grundlage ausgehend war sie natürlich an unserem Tisch willkommen, denn nur dort, an diesem Tisch, wird man wieder heil. So versuchte ich's mit diesem Ansatz:

„Jill, ich werde dir nicht mit Bibelstellen kommen, ohne Zweifel hast du die schon gehört. Ich werde dich selbst als Ausgangspunkt nehmen. Wenn du empfindest, dass deine Bisexualität Sünde ist und Bindung, und wenn du glaubst, den Weg von Buße und Befreiung nehmen zu sollen, dann werde ich ihn mit dir gehen. Wenn du meinst, dass das ein Zeichen von Zerbrochenheit ist, ein Symptom früheren Missbrauchs, von dem du geheilt werden musst, dann gehe ich mit dir. Und wenn du das Gefühl hast, dass Gott dich auf diese Weise geschaffen hat und du nur wissen musst, dass er dich liebt und dass wir dich nicht verstoßen, dann ist es mir eine Freude, dich zu begleiten. Alles, worum ich dich bitte, ist, dass wir mit Jesus darüber sprechen. Dein Richter zu sein, ist nicht meine Aufgabe. Meine Aufgabe ist es, dir zu helfen, Gottes Stimme zu hören und sein Liebe verspüren zu können."

Jill entgegnete: „Ja, darum geht's. Ich *habe* Verletzungen aus der Vergangenheit, doch immer, wenn ich das auf's Tapet bringe, sagt der Pastor: ‚Aha! Schau an! Das ist das Problem!' Aber ich glaube nicht, dass das das Problem ist. Ich glaube nicht, dass da ein Problem *ist*."

„Okay, das werde ich mit dir nicht machen", versicherte ich ihr. „Wenn du dich mit diesen Heilungsfragen selbst auseinandersetzen willst, ohne dass ich dich wegen deiner Sexualität bedränge, ist das völlig in Ordnung. Aber können wir zusammen mit Jesus darüber reden?" Dem konnte sie zustimmen, und so beugten wir uns an Ort und Stelle und baten Gott, ihr den absolut sicheren Ort in ihrem Herzen zu zeigen, den er vor Finsternis, Missbrauch und Befleckung bewahrt hatte, den Ort in ihrem Herzen, wo er ihr begegnen und ihr von seiner Liebe erzählen wollte. Augenblicklich sah sie sich zusammen mit ihrem Vater (für sie eine zuverlässige Person, von der keine Gefahr ausging) in einem Angelboot auf einem baumumstandenen See hoch in den Bergen. Es war völlig friedlich.

Ich fragte Jill, wo Jesus in dem Bild zu finden sei. Sie sagte, dass er die ganze Szenerie ausfüllte. Er war überall. Ich bat Jesus, Jill von seiner Liebe zu ihr zu erzählen. Sie sagte: „Ich kann keine Worte hören, doch jedes Geräusch in dem Wald sagt mir, wie sehr er mich liebt." An der Stelle fing sie an zu weinen. Sie spürte förmlich, wie Gottes Liebe sie füllte, und das war überwältigend. Ich schlug ihr vor, sich einfach eine Zeit lang in seiner Liebe zu aalen. Zum Schluss fragte ich Jesus, ob er irgendetwas an Heilung an ihr vollziehen wollte, worauf er ihr entgegnete: „Nein, ich möchte dich einfach eine Zeit lang lieben", woraufhin sie noch mehr weinen musste.

Das war an einem Donnerstag. Am folgenden Sonntag kam Jill zur Gemeinde und nutzte dieses Bild wieder als eine Hilfe zum Lobpreis. Sie schloss die Augen, stand mit erhobenen Händen auf und fühlte, wie sie wieder von der Liebe Gottes erfüllt wurde, als sie sich erneut in dieses Bild hineinversetzte. Ihr Lobpreis war frisch und unverfälscht. Als sie die Augen wieder aufmachte, war sie erstaunt, ein kleines Mädchen zu erblicken (das verdächtige Ähnlichkeit mit ihr als Kind aufwies), das sie mit breitem Lächeln anstarrte. Genau in dem Moment flüsterte ihr der Herr zu: „Ich möchte, dass du eines Tages Mutter wirst." Da musste sie wirklich zweimal hinhören –: „Damit hätte ich ja nie gerechnet!" Doch war das keine Forderung. Es war das Herz Gottes, das ihr Herz berührte. Das brachte sie zum Nachdenken.

Ich fasste bei Jill nicht weiter nach, weil Gottes Anweisung eindeutig war. Bis auf Weiteres wollte er sie einfach nur lieben. Als Jill sich dann wieder mal mit mir treffen wollte, setzte sie an mit: „Ich habe den Mann getroffen, der mein Ehemann werden wird. Ich bin verliebt, er ist verliebt, und wir beide lieben Gott. Dieses Frühjahr wollen wir heiraten."

Ich höre schon den Chor von Fragen: „Und was ist mit …?", „Ja, aber was machst du, wenn …", „Da sind doch noch viele ungeklärte Fragen!", mit anderen Worten: „Warum isst euer Lehrer mit den Zöllnern und Sündern?" (Mt. 9,11).

Jesus ist schon auf alle diese Fragen eingegangen:

„Die Gesunden brauchen keinen Arzt – wohl aber die Kranken." Und er fügte hinzu: „Nun geht und denkt einmal darüber nach, was mit dem Wort in der Schrift gemeint ist: ‚Ich will, dass ihr barmherzig seid; eure Opfer will ich nicht.' Denn ich bin für die Sünder gekommen und nicht für die, die meinen, sie seien schon gut genug." (Mt. 9,12.13 NL)

Ich denke, ich werde Jill auf ihrer Reise einfach durch Jesus leiten lassen, während ich sie ermutige, weiter zum Tisch zu kommen, um ihn zu hören. Seine Weisheit hat sie weiter gebracht als alle meine Argumente und Befürchtungen es je hätten tun können. Für den Moment stehe ich auf folgendem Standpunkt: Gottes Festtafel steht offen, und wir sind angewiesen, jeden einzuladen – den Armen, den Kranken, den Sünder und die, welchen die Gemeinde den Stempel der Geringsten oder Verlorenen aufgedrückt hat. Wir sind nicht dazu berufen, ihnen irgendetwas vorzuschreiben, solange sie nicht zu Jesus oder seinem offenen Tisch gelangt sind. Wir müssen sie nur zu dem Einen bringen, der einen überfließenden Becher an Güte und Barmherzigkeit anbietet (Ps. 23). Wenn sie einmal geschmeckt haben, kann man nie wissen, welches Wunder daraus folgen wird.

20

Eine leckere Parole

Eric Kuelker

Es war im Mai 2004. Ich saß auf dem Fußboden, als meine zweijährige Tochter Lauren sich anschickte, durch die Küche zu laufen. Ich streckte ihr meine Hände entgegen und rief ihr zu: „Lauren, Lauren – komm zu Papa, Lauren." Nichts. Sie setzte ihren Gang fort, ohne mir auch nur einen Blick zuzuwerfen. Sie stapfte nur einige Zentimeter an meinen Zehenspitzen vorbei und lief weiter in Richtung Esszimmer. In dem Moment wurde mir klar, dass mit meiner Tochter irgendwas anders war. Vier Monate später, nach Untersuchungen und viel Zeit des Wartens, hatte wir Laurens Diagnose: frühkindlicher Autismus.

In den folgenden Monaten quälten wir uns damit, Laurens Zustand zu akzeptieren, dazu kamen große Ängste. Während dieser Zeit gewann die Provinz British Columbia einen Rechtsstreit vor dem Obersten Gerichtshof mit dem Ergebnis, dass sie die Kosten für eine Autismus-Behandlung nicht in voller Höhe übernehmen muss. Damit sahen wir uns mit dem Umstand konfrontiert, jährlich etwa 25000 kanadische Dollar aus eigener Tasche aufbringen zu müssen. Ein zusätzlicher Stressfaktor war, dass ich in meiner Firma eine nicht unwesentliche Auseinandersetzung wegen einer Vertragsangelegenheit hatte.

Die Nacht auf den 12. Dezember 2004 war fürchterlich. Ich wachte um vier Uhr früh auf, voller Sorge hinsichtlich dieses und einiger anderer Probleme auf meiner Arbeitsstelle und der Frage, wie ich für meine Familie würde sorgen können. Ich betete, las in der Bibel, machte Entspannungsübungen usw. Während die Minuten langsam verrannen, schrie ich zu Gott, zu mir zu reden.

Lauren

Später am Morgen schleppten wir uns zur Gemeinde. Kaum hatte der Gottesdienst begonnen, griff Lauren nach meinen Fingern und zog mich in Richtung Abendmahlstisch. Das Abendmahlsgeschirr war mit Tüchern abgedeckt, und sie griff nach einem, das über dem Brotteller lag. Ich deckte den

Teller ganz ab, während sie dann umgehend ein Stück Brot nahm, es in den Saft tauchte, mir in die Augen sah und mir das Brot dann in den Mund schob. Ich war überwältigt. Eines der Hauptsymptome von Autismus ist das Fehlen von sozialer Interaktion. Nicht nur, dass sie mich fütterte, sie schaute mir in die Augen, und zwar eindringlicher, als sie es je zu Hause getan hatte. Das machte sie viermal. Die Symbolik der Zahl vier war mir nicht entgangen, ich meinte, einen Bezug zu meinen Vier-Uhr-Sorgen zu erkennen. Als Lauren fertig war, nahm sie wieder meinen Finger, zog mich vom Abendmahlstisch weg und wir sangen. Immer, wenn wir das Wort „Licht" sangen, machte sie einen Schritt nach vorne, um die in der Nähe stehenden Kerzen genau anzuschauen. Während sie in die Kerzen sah, sagte sie: „Ich weiß: ist heiß." Das war der längste und ausgefeilteste Satz, den sie je gesprochen hatte.

Eine halbe Stunde drauf packte sie mich wieder und zog mich rüber zum zweiten Abendmahlstisch. Sie nahm ein Stück Brot, tauchte es ein (diesmal in Wein) und fütterte mich. Noch mal. Wieder und wieder. Sie verfütterte den ganzen Brotteller an mich. Als ein Stück zu Boden fiel, versuchte ich, es unauffällig verschwinden zu lassen, doch sie bückte sich, hob es auf und steckte mir auch das in den Mund. Dann griff sie sich einen Kelch (so ein Einzelkelch in Schnapsglasgröße) und goss mir den Inhalt in den Mund. Dann das nächste … Sie machte weiter, bis ich sie stoppen musste, weil ich langsam ein wenig benommen wurde. Ich war innerlich so bewegt davon, wie meine autistische Tochter mit mir in Kontakt trat und über den ungewöhnlichen Weg, den sie gefunden hatte, um mich zu segnen, dass meine Kehle ganz trocken war.

Aber Gott hatte gerade erst angefangen.

Zum Schluss des Gottesdienstes bat ich den Pastor, für mich zu beten. Während er betete, stand mein vierjähriger Sohn Matthew in der Nähe. Nachher gingen Matthew und ich hinter den Abendmahlstischen her zu unseren Plätzen. Er fragte, ob er etwas davon haben dürfe. „Klar", sagte ich, und erklärte ihm, dass das der Leib und das Blut Christi seien, das er am Kreuz für uns gegeben hatte. Er antwortete: „Ich weiß, Daddy." Dann griff er nach dem Brot, hielt kurz inne, beugte den Kopf und sagte: „Lieber Jesus, wir danken dir für das Kreuz und wir bitten dich, dass wir auf deinem Weg gehen, amen." Das war das erste Mal, dass er von sich aus gebetet hatte. Und dann aß er alles Brot, was auf dem Teller lag, auf. Er drehte sich zu mir und meinte: „Je mehr wir essen, desto mehr sind wir gesegnet." Ich glotzte ihn an und fragte: „Wer hat dir das denn erzählt?", worauf Matthew antwortete: „Gott. Das ist eine leckere Parole."

Jillaine

Dann nahm er sich einen Becher mit Saft und schüttete ihn runter. Er sah mich an: „Je mehr wir trinken, desto mehr sind wir gesegnet."

„Von wem hast du das?"

„Gott hat mir das gesagt. Heute hat er mir zwei leckere Parolen gegeben."

Dann hüpfte Matthew den Gang hinunter, sah sich noch mal um und rief: „Zwei leckere Parolen!"

Mir stiegen Tränen in die Augen.

Keine Stunde später fing die Bedeutung dieser Begebenheiten an, sich vor unseren Augen zu entfalten. Meine Frau bemerkte, dass Laurens Weise, das Brot einzutauchen und mir zu essen zu geben, der Zeremonie der Priester der katholischen Kirche während der Kommunion entsprach. Ich erkannte, dass Laurie, indem sie mir alles an verfügbarem Brot und Wein zukommen ließ, das Prinzip verdeutlichte, dass wir, je mehr wir von Christus aßen, desto mehr gesegnet wurden. Und mein Sohn hat in seinem Tun dieses Prinzip nicht nur wiederholt, sondern es so zum Ausdruck gebracht, dass selbst ich es verstand. Und dann betonte er, dass es eine Parole war, die uns den Zugang zu verborgenen Schätzen des Reiches Gottes gewährte.

Als ich Matthew und Laurie an dem Abend zudeckte, war ich besonders dankbar dafür, dass Gott sie in mein Leben gestellt hatte, und dafür, wie sie mich so reichlich segneten. Als ich Jillaine, Laurens Zwillingsschwester, anschaute, hatte ich eine etwas andere Einstellung. Ich sah sie als … na, ein wenig anders, ein Stück hinter ihren Geschwistern, ein klein bisschen zweitklassig. Durch Matthew und Lauren hatte Gott so deutlich geredet, durch sie jedoch nicht.

Gott wird über diesen Trugschluss wohl geschmunzelt haben. Am nächsten Sonntag, der Gottesdienst war fast vorbei, sah mich Jillaine, wie ich singend neben dem Abendmahlstisch stand. Plötzlich stand sie neben mir, zwei der kleinen Abendmahlsbecherchen in den Händen. „Hier, Daddy", sagte sie und gab mir einen davon. Wir dankten, tranken gemeinsam, ich küsste sie und fuhr fort mit dem Gesang. Sie tauchte mit zwei weiteren Bechern auf, die wir uns wieder teilten. Und noch mal. Brad, unser Pastor, kam zu mir und wir sprachen darüber, was letzte Woche mit Matthew und Lauren passiert war, als Jillaine mit zwei weiteren Bechern ankam, beide tropften ein bisschen. Schlagartig begriff ich: Es passierte immer wieder! Ohne dass sie jemand dazu aufgefordert hätte, brachte Jillaine nacheinander jeden der Becher mit Saft, die wir gemeinsam tranken, um das Prinzip auszuleben: Je mehr wir von Christus essen und trinken, desto mehr sind wir gesegnet. Für mich war es eine besondere Freude, dass Gott allen dreien meiner Kinder gezeigt hatte, dass wir allesamt gleichermaßen Priester in Gottes Reich sind.

21

Streunende Hunde oder Königskinder?

Brad Jersak

Die Geschichte von Mefi-Boschet

Eines Tages fragte David: „Ist noch jemand von Sauls Familie am Leben? Wenn ja, dann würde ich ihm Jonatan zu Ehren gerne etwas Gutes tun." Zufällig war ein Diener aus Sauls Haushalt namens Ziba anwesend. Man rief ihn zu David. Der König fragte ihn: „Bist du Ziba?" „Ja, mein Herr", erwiderte er. Der König fragte: „Ist noch jemand von der Familie Sauls am Leben, dem ich im Namen Gottes Gutes tun kann?" Ziba sagte dem König: „Ja, da ist Jonatans Sohn, dessen beide Beine gelähmt sind." „Wo ist er?" „Er wohnt im Heim von Machir, dem Sohn Ammiels, in Lo-Dabar." König David verlor keine Minute. Er sandte jemanden und holte ihn aus dem Heim von Machir, dem Sohn Ammiels, in Lo-Dabar. Als Mefi-Boschet, der Sohn Jonatans (welcher Sauls Sohn war), vor David kam, verbeugte er sich tief und erniedrigte sich selbst und erwies David die Ehre. David sprach ihn mit seinem Namen an: „Mefi-Boschet!" „Ja, mein Herr?" „Hab keine Angst", sagte David. „Ich möchte dir etwas Besonderes erweisen, in Erinnerung an deinen Vater Jonatan. Zunächst einmal werde ich dir alle Besitztümer deines Großvaters Saul zurückerstatten. Und ferner wirst du von jetzt an immer mit mir an meinem Tisch essen." Mefi-Boschet scharrte mit den Füßen und stammelte, ohne David anzusehen: „Wer bin ich, dass du dich um einen streunenden Hund wie mich kümmerst?" Da rief David Ziba, Sauls rechte Hand, und sagte ihm: „Alles, was Saul und seiner Familie gehörte, habe ich dem Enkel deines Herrn übergeben. Du und deine Söhne und deine Diener, ihr werdet sein Land bearbeiten und den Ertrag hereinbringen, wovon der Enkel deines Herrn leben kann. Mefi-Boschet selbst, der Enkel deines Herrn, wird ab jetzt alle Mahlzeiten bei mir an meinem Tisch einnehmen." Ziba hatte fünfzehn Söhne und zwanzig Diener. „Alles, was mein Herr, der König, seinem Diener zu tun gebietet", antwortete Ziba, „wird dein Diener gewiss tun." Und Mefi-Boschet aß an Davids Tisch, als Angehöriger der königlichen Familie. Mefi-Boschet hatte auch einen kleinen Sohn, Micha. Alle, die zu Zibas Haushalt gehörten, waren jetzt Mefi-Boschets Diener. Mefi-Boschet wohnte in Jerusalem und nahm alle seine Mahlzeiten am Tisch des Königs ein. Er war an beiden Beinen gelähmt.

2. Samuel 9,1-13, übersetzt nach *The Message*

Ist es schon zwei Jahre her, dass ich die *Hand Crafters* besucht habe? Das ist eine Einrichtung in Boissevain, Manitoba, wo Menschen mit verschiedenen Behinderungen erstaunliche Gegenstände herstellen und sich dabei noch gegenseitig durch die Gemeinschaft ermutigen. Als ich da war, kamen nach und nach mindestens 20 Personen, um sich auf meinem Laptop eine bunte Bildershow über meine Familie und Freunde anzusehen. Sie bewirteten mich mit einigen Snacks, bevor wir dann die Bibel aufschlugen und uns unterhielten.

Mit diesen Menschen 2. Samuel 9 zu lesen, war eine beeindruckende Erfahrung, weil die Geschichte mit einem echten König einsetzt – König David, keinem Geringeren –, der einen Menschen mit Behinderung vorladen lässt. (Früher hätten wir „Krüppel" gesagt. Die Sprache verändert sich, entschuldigen Sie deshalb bitte meinen Sprachgebrauch.) Die Gruppe stellte sich vor, wie aufregend das gewesen sein musste. Ich muss sagen, manch einer konnte in diesem kindlichen Enthusiasmus nicht gut still sitzen bleiben und das Herumkreischen unterlassen – aber warum auch!

Doch dann kamen wir zu diesem fürchterlichen Bekenntnis, wo Mefi-Boschet sich selbst erniedrigt, indem er sagt: *„Was ist dein Knecht, dass du dich einem streunenden Hund zugewandt hast, wie ich einer bin?"* Das war natürlich eine rhetorische Frage und vermutlich erwartete er dieselbe Antwort, die er wieder und wieder in seinem Leben gehört hatte: „Du bist nichts, ein Niemand. Du bist nicht wert, dass jemand innehält, um dir Beachtung zu schenken, schon gar nicht ein König."

Woher hatte Mefi (um's kurz zu machen) dieses Etikett „streunender Hund"? Hat er diesen Schluss selbst gezogen? Oder wurden ihm derartige Etiketten von solchen verpasst, die ihm sein Menschsein absprechen wollten?

An der Stelle beging ich meinen großen Fehler. Ich stellte den *Hand Crafters* diese Frage. Sehr bestimmt, aus eigener Erfahrung, antworteten sie. „NEIN! Das waren die anderen. Die Leute auf der Straße sagen so was … *was Unhöfliches!*"

„Was zum Beispiel?", fragte ich.

„Zum Beispiel ,Dummkopf'", sagte einer. „Und ,Blödmann'", rief ein anderer und sprang auf. „Lahme Ente! Idiot! Zurückgeblieben! *Zurückgeblieben*! ZURÜCKGEBLIEBEN!" So riefen sie, und ihre Stimmen überschlugen sich. Tränen. Zorn kochte hoch. Ich sah es als Katharsis an, solange es keine Anfälle auslösen oder zu einem echten Aufruhr führen würde.

Mittlerweile weinten wir alle. (Und während ich dies schreibe, weine ich wieder. Und vielleicht weinen Sie auch, und das ist gut.) Sehr aufwühlend, das Ganze. Zeit, da wieder rauszukommen. Ich zeigte ihnen, wie David einer solchen Redeweise ein Ende setzte.

„NEIN! Du bist kein streunender Hund. Du bist nicht dumm, kein Blödmann, nicht zurückgeblieben! Ich nehme dir diese Etiketten ab. Du bist NICHT deine Behinderung, NICHT deine Diagnose, NICHT dein Syndrom! Deine Identität muss nicht mehr länger um deinen Zustand kreisen. Vom heutigen Tag an wirst du als einer seiner Söhne an der Tafel des Königs essen. Hörst du? Du bist KEIN Hund. Du bist ein SOHN!"

Ich sah jeden der Söhne und Töchter dort im Laden an. Sie hielten den Atem an. Dann fragte ich: „Weiß jemand von euch, wie man den Sohn eines Königs nennt?" Ein junger Mann antwortete: „Prinz?"

„Genau. Und wer kann mir sagen, wie man die Tochter eines Königs nennt?"

„Prinzessin!", antwortete eine junge Frau.

„Ja, und wusstet ihr, dass Jesus ein König ist? Und dass er eine Festtafel hat? Und dass er euch alle eingeladen hat, bei ihm zu sein? Und heute sagt er: ‚DU bist mein Sohn. DU bist meine Tochter. IHR seid meine Prinzen und Prinzessinnen! Ihr seid willkommen!'"

Zu behaupten, sie wären ausgerastet, würde der Sache nicht gerecht. Freude brach aus, als diese Botschaft einschlug. Genüsslich beschrieben sie, was Königskinder tragen und haben: Kronen, Diademe, Juwelen, Roben, eine Dienerschaft. An dem Tag sah ich sie wie die Könige prahlen. Ich sah, wie das königliche Blut Jesu einige Dinge richtigstellte.

***

Wo finde ich mich in all dem? Herr, kann ich wie Ziba in dieser Geschichte sein? Gib doch bitte, dass ich und meine Kinder und Kindeskinder solchen Gliedern des Königshauses wie Mefi-Boschet und den *Hand Crafters* alle Tage unseres Lebens dienen dürfen. Lass uns die Schleppen ihrer Königsmäntel tragen, wenn sie in den Festsaal deines Reiches einziehen.

Noch eine Anmerkung: Denken Sie mal über den letzten Satz im Schlussvers nach. Nachdem er diese Verwandlung vom Hund zum Prinzen berichtet hat, erinnert uns der Erzähler: „Übrigens: Hatte ich erwähnt, dass er an beiden Füßen verkrüppelt war?" Hat er völlig ausgeblendet, worum es Gott ging? Konnte er der Versuchung nicht widerstehen, die Etiketten wieder aus dem Mülleimer hervorzuholen? Warum dieses Schlusswort?

Wie oft begehen wir denselben Fehler? Ich muss an die große Vorsicht denken, die wir walten lassen, um eine politisch korrekte Sprache zu benutzen: „Nenn sie bitte nicht ‚behindert' … Für uns sind es einfach ‚Persönlichkeiten'." Doch wenn es dann darum geht, ihr Zeugnis weiterzugeben, ihre Namen zu benutzen, Bilder von ihnen zu zeigen, dann vollziehen wir einen Eiertanz, denn diese „Persönlichkeiten" sind „nicht geschäftsfähig". Um also Ärger und Probleme mit den Behörden zu vermeiden, sind wir versucht, dann einfach ihre Namen zu ändern und ihre Fotos zu entfernen, um sie damit erneut namen- und gesichtslos zu machen.

Diesen Fehler wiederholen wir auch in der Gemeinde als Ganzes. Wir heißen Menschen im neuen Leben, das von Gnade geprägt ist, willkommen, das Alte ist vergangen und alles ist neu geworden … Aber dann können wir uns nicht verkneifen, sie an ihre Vergangenheit und die alten Etiketten zu erinnern. Viel besser ist es, einfach den Mantel des Ziba anzulegen und ihnen als Kindern des Königs zu dienen.

22

Offene Arme,
ein offenes Herz

Brad Jersak

Manchmal weiß der Körper,
was der Geist nicht zu glauben vermag.

John Van Vloten

Als ich sie zum ersten Mal traf, wog Anna noch gut 30 Kilo. In ihrem Kampf gegen Bulimie und Anorexie stand sie auf verlorenem Posten. Die Körperfunktionen schalteten nach und nach ab. Die Regulierung ihrer Körpertemperatur und ihre Fortpflanzungsorgane funktionierten so gut wie nicht mehr, ihr Herz raste und das Verdauungssystem war völlig durcheinander. Sie aß wie ein Vögelchen, und schon ein Schuss Sahne im Kaffee widerte sie an. Das, was sie aß, erbrach sie fünfmal am Tag wieder. Jetzt stand diese kostbare Neunzehnjährige unter dem ärztlichen Todesurteil: „Wenn sich nichts ändert, bist du in neun Monaten tot."

Ihre Pastorin bat mich, mir Anna (nicht ihr richtiger Name) mal anzusehen, und sei es nur für eine Stunde. Wohl wissend, dass ich in einer Stunde nichts erreichen konnte, und zudem zögerlich, in so ein Wespennest zu stechen, erwiderte ich grantig: „Auf keinen Fall!" Nachdem sie nicht locker ließ, sagte ich: „Ruf sie an und frag sie ganz direkt: *Willst du frei werden?* Wenn Anna dir ein klares Ja antwortet, werd ich für eine Stunde kommen und sie mir anschauen." Ich bekenne, dass mein Herz kalt genug und meine Augen trocken genug waren, um zu hoffen, dass sie ablehnen würde. Doch kurz darauf erhielt ich einen Anruf, der zu meiner ersten direkten Begegnung mit Anna führte.

Noch ein bisschen Hintergrund: Weshalb diese harte Reaktion? Zu der Zeit litt ich unter den Folgen einiger innerer Festlegungen. In dem Versuch, anderen in ähnlichen Situationen zu helfen und mit ihnen zu beten, hatte ich mich ein wenig als Retter empfunden, was zu einigen schweren Enttäuschungen und Fällen von – wie die Psychologen sagen – Übertragung führte. Von da an hatte ich mein Herz mit dem Vorsatz verhärtet: „Das werde ich nie wieder zulassen." Wie man so sagt: „Gebranntes Kind scheut das Feuer."

So ging es über Jahre so, dass ich schon freundlich war, wenn ich mit anderen betete, aber mir ganz gewiss keine Gefühle von Mitleid oder Liebe erlaubte, aus Angst, selbst verwirrt zu werden oder Verwirrung zu stiften. Tränen und Mitgefühl schob ich sehr bestimmt beiseite. Ich dachte, dass das alles eine Sache Gottes sei und nicht meine. Ich bin nicht der Erretter. Ich bin nicht der Heiler. Er ist das.

Mir war nicht klar, dass es mich auf breiter Front beeinträchtigen würde, wenn ich mein Herz für die Liebe Gottes zu anderen verschloss. Ein Teil meines Herzens verlor die Verbindung zu Gott, zu meiner Frau Eden, zu meinen Kindern … und ich merkte es nicht einmal. Zudem verdarb es meine geistlichen Augen. Ich konnte andere nicht so sehen, wie Gott sie sah, weil ich meinte, das dürfe ich nicht. Es könnte Emotionen aufwirbeln und mir vielleicht sogar das Herz brechen.

Zwischenzeitlich hatte ich mich „in der natürlichen Welt"

einer Laserbehandlung meiner Augen unterzogen – und das war nicht so gut gelaufen. Mein Sehvermögen ließ nach und meine Augen waren extrem trocken. Ich beklagte mich bei Gott darüber und er antwortete: „Das stimmt. Deine Augen haben nachgelassen. Und sie *sind* sehr trocken. Ist dir aufgefallen, dass du der Einzige in deiner Gemeinde bist, der niemals weint, wenn er predigt? Ist dir mal aufgefallen, dass der Vers ‚Weint mit den Weinenden' auf dich nicht anwendbar ist?"

Ich hatte verstanden und konterte: „Aber ich kann mich doch nicht selbst zum Weinen bringen, ich will das doch nicht vortäuschen. Wenn du willst, dass ich mehr empfinde, musst du etwas an meinem Herzen machen." Diese Unterhaltung fand am Morgen des Tages statt, an dem ich Anna traf.

***

In dem Moment, wo ich Anna sah, wandelte sich mein Herz. In meiner Magengegend meldete sich eine Art Mitleid, das mich erschreckte. Es fühlte sich wie Liebe an – wie *Verliebtsein*. Keine sexuelle Anziehung, nicht die Versuchung von Lust. Ich sah ein kleines Mädchen, das aussah wie eine Auschwitz-Überlebende. (Sorry, Anna, aber das war schon erschreckend.) Auf spindeldürren Beinen stakste sie herein. Die Pastorin, eine fürsorgliche Frau, die Annas Last schon meilenweit im Gebet mitgetragen hatte, setzte sich neben Anna auf den Boden, ich mich ihr gegenüber. Ich stellte ihr, um die Verbindung aufzunehmen, einige Fragen, dann sprach der Herr zu meinem Herzen mit lauter, klarer Stimme (diesmal nicht auf die leise, zarte Art): „Nimm sie in den Arm!" Erschrocken fasste ich meine Einwände in Worte: „Nie und nimmer! Dies ist eine neunzehnjährige Frau! Ich hab es schon mindestens einmal durch Übertragung vermasselt. Willst du, dass man mich verklagt?"

Anna

Soweit ich mich erinnere, war es das einzige Mal, dass Gott mir gegenüber die Stimme erhob. „Nimm dich nicht so wichtig! Es geht um Leben und Tod!", und dann wieder sanfter: „Du hast gut daran getan, dich von den Fachleuten abzuwenden, die ohne das Kreuz heilen wollen. Aber warum kopierst du jetzt deren Ansatz, indem du versuchst, ohne Liebe zu heilen?

Und übrigens: *So* schwer ist es nicht, das auf unverfängliche Weise zu machen."

Etwas verlegen fragte ich Anna, ob ihre Pastorin und ich uns rechts und links neben sie setzen und den Arm um sie legen dürften. Sie willigte ein und wir verbrachten die nächsten Stunden damit, ihre wesentlichen Verletzungen, die ihre Krankheit förderten, durchzubeten. Ich legte meine Hände vorwiegend auf ihre knöchrigen Schultern und ihre vorstehende Wirbelsäule, um die Liebe, die ich im Herzen spürte, in sie sickern zu lassen. Ich hatte den klaren Eindruck, dass meine Gebete seicht und dürftig waren, dass Gottes Liebe sie aber auf einer Ebene anrühren konnte, auf der nichts anderes mehr hilft als Liebe. Ich betete Fleisch auf ihre Knochen und bat um Heilung für ihr Herz. An dem Abend redete Gott zu ihr und versprach ihr, dass sie nicht sterben, sondern leben würde, um nächstes Jahr unter dem Weihnachtsbaum schlafen zu können.

Als ich an dem Sonntag in ihrer Gemeinde predigte, fing ich an zu weinen. Tränen flossen, aber es kümmerte mich nicht. Meine Erfahrungen mit Anna hatten eine Art emotionale Quelle in mir geöffnet, mehr noch, als ich aus den Winkeln meiner tränennassen Augen verschwommen wahrnehmen konnte, wie Anna mit einem Taschentuch auf mich *zulief*, damit ich mir die Tränen abwischen konnte. Ich erkannte in ihr Jesus, der meine trockenen Augen und mein hartes Herz heilte. Und dafür werde ich auf ewig dankbar sein.

Ohne ihre Gewohnheiten geändert zu haben, nahm Anna binnen einer Woche fünf Kilo zu! Einen Monat später hatten sich ihre Körperfunktionen erholt, nach einigen weiteren Monaten hatte sie nochmals 15 Kilo zugenommen. Als ihr Arzt sie zu diesem bemerkenswerten Fortschritt befragte, bezeugte sie, dass Jesus sie geheilt hatte, als sie ihm zuhörte und sich von ihm lieben ließ.

Seitdem gab es einige „Ups" und ein paar tiefe „Downs", doch bleibe ich zuversichtlich, dass Anna es schaffen wird. Andere haben sich ihr zur Seite gestellt, und ich vertraue Gott, dass er vollenden wird, was er in ihr *und in mir* angefangen hat. Er stellt ihr Herz wieder her und macht sie schön. „Der euch berufen hat, ist treu, er wird es auch machen" (1. Thes. 5,22). Ich schließe die Geschichte mit einem Gebet in Gedichtform, das sie mir schickte, als sie mitten in ihrem Kampf steckte – ein Gebet, von dem ich glaube, dass Jesus es immer noch beantwortet.

she sits in her chair
so scared and unaware
of what could happen any second now
take her hand here and now

Jesus can you hold me
can you take away my pain
i know you can and will
if only my pride i'd slain

a little girl's tears
from everything she fears
a nurse holds her hand and says „it's okay"
but she knows inside that it won't go away

Jesus, can you hold me
can you help me just let go
i know you can and will
if this burden on you i will bestow

this girl sits up in bed
scared to death of what they said
not much longer to wait
until she'll stand at the pearly gates

Jesus, can you hold me
i don't know how to give up
i know you won't let go
the love that only you show

she could have had life
but so much pain and strife
took over her body and she closed her eyes
to her mother and father's horrible surprise

Jesus, you are holding me
i see you so clearly now
how could i have been so blind
so much i left behind …

as many love and hugs that i can gather,
tears fall from my face,
but i'll still be here loving you,
thanks for being a best friend …
loving me, fairy dust, and angel wings, in dreams,

Anna

(Sie sitzt da voller Angst und Unsicherheit vor dem, was jederzeit passieren könnte. Nimm jetzt und hier ihre Hand. – Jesus, kannst du mich in den Arm nehmen, kannst du meinen Schmerz wegnehmen? Ich weiß, du kannst und willst es, wenn ich nur meinen Stolz aufgegeben hätte. – Die Tränen eines kleinen Mädchens über alles, was sie fürchtet. Eine Krankenschwester hält ihre Hand und sagt: Alles in Ordnung, aber sie weiß innerlich, dass es nicht weggehen wird. – Jesus, kannst du mich in den Arm nehmen, kannst du mir helfen, loszulassen? Ich weiß, du kannst und willst es, wenn ich diese Last auf dich lege. – Dieses Mädchen sitzt im Bett, zu Tode erschrocken über das, was man sagte. Nicht mehr lange, und sie wird vor der Himmelstür stehen. – Jesus, kannst du mich in den Arm nehmen? Ich weiß nicht, wie ich aufgeben kann, ich weiß, du wirst nicht aufhören zu lieben, wie nur du es tust. – Sie hätte Leben haben können, aber so viel Schmerz und Kampf überkamen ihren Körper, und sie verschloss die Augen vor der furchtbaren Überraschung ihrer Eltern. – Jesus, du hältst mich, ich sehe dich jetzt so deutlich. Wie hatte ich so blind sein können! Ich habe so vieles verpasst. – So viel Liebe und Umarmungen, wie ich bekommen kann. Tränen fließen mir übers Gesicht, aber ich höre nicht auf dich zu lieben. Danke, dass du mein bester Freund bist ... der mich liebt, Elfenstaub und Engelsflügel im Traum – Anna)

***

Doch *meine* Geschichte endet hier nicht. Am selben Wochenende besuchte ich meine Eltern und traf zum ersten Mal eine Cousine zweiten Grades. Sie war acht und strotzte vor Leben: große braune Augen und Sommersprossen auf dem schelmischen Gesicht. Doch sie lebte mit ihrer alleinerziehenden Mutter, ihr Vater meldete sich nur einmal im Jahr, meist per Telefon. Als sie mich drängte, mit ihr zu spielen, spürte ich ihr Verlangen nach einer männlichen Berührung. Wieder hörte ich die Stimme: „Liebe sie. Spiel mit ihr. Und das SEHR körperlich. Kitzel sie, ring mit ihr, knuddel sie."

Und wieder sperrte ich mich. „Aber Herr, ich habe Angst. Ich bin nicht ihr Papa und werde morgen nicht mehr da sein. Weißt du denn nicht, wie solche ‚Onkels' heute beargwöhnt werden? Hast du nicht von den Skandalen um geistliche Leiter und Kinder gehört? Ich habe kein Interesse daran, in irgendeiner Weise im Zusammenhang von Pädophilie in Erscheinung zu treten oder angeklagt zu werden!" Das Weichwerden meines Herzens in der letzten Zeit wurde durch Angst gefährdet.

Gottes Korrektur folgte auf dem Fuß. „Was sagst du da? Dass sie niemals eine *reine* Berührung von einem Mann erfahren soll? Was, wenn sie durch solch eine reine Berührung von dir zwischen Liebe und Missbrauch unterscheiden lernen soll? Wirst du sie, indem du sie von jeglicher gesunder männlicher Zuneigung fernhältst, vor Missbrauch schützen?" Und dann fasste er auf dieselbe freundliche Weise nach: „Und im Übrigen ist ihre Mutter dabei, und dein Bruder und Vater sitzen dir gegenüber. Es gibt Wege, das auf für sie und für dich unverfängliche Weise zu tun."

Ich gab nach – und eigentlich war mein wieder weiches Herz froh, sich ergeben zu dürfen. Als ich die kleine Prinzessin auf den Schoß nahm, fragte sie unvermittelt: „Kannst du mir beibringen, wie man Gott hört?" Ich antwortete: „Nein. Denn das weißt du schon. Er wird's dir zeigen." Ich betete laut und bat Gott ihr zu sagen, wie er über sie dachte und wie er sie sah. Dann sagte ich zu ihr: „So, und jetzt hör in dein Herz hinein. Was sagt er?"

Ganz fix stimmte sie sich auf diese Stimme ein, durch die wir die Liebe Gottes kennenlernen. Gottes höchst erfreuliche Antworten hauten sie förmlich um, Tränen stiegen ihr in die Augen, wie sie so persönlich und unmittelbar von seiner Liebe hörte. Umgehend machte sie sich daran, auch Dinge für andere zu vernehmen, so hörte sie wunderbare Worte der Ermutigung für ihre Mutter. Dann unterbrach sie sich und sagte sehr ernst zu mir: „Jesus sagt mir, dass ein Tornado über dein Leben hinwegfegen wird. Doch sagt er auch: ‚Mach dir keine Sorgen. Ich werde ein Loch für dich graben und dich darin bergen. Er wird dir nicht schaden.'" Ich war verdattert. Ich hatte schon gelernt, sorgfältig darauf zu hören, was Gott durch Kinder sagt, doch das hier war mehr. Zwei gestandene Fürbitter hatten mir in den vorangegangenen Wochen unabhängig voneinander nahezu dieselbe Botschaft mitgeteilt! Und nun redete derselbe Geist durch dieses kleine Mädchen, und das nur Minuten, nachdem sie ihre erste Lektion im Hören auf Gott erhalten hatte.

So geschah es zum zweiten Mal an diesem Wochenende, dass Jesus den Fluss umkehrte und mir durch diejenigen gedient wurde, bei denen ich das kleine Risiko auf mich genommen hatte, sie durch ihn zu lieben.

Und übrigens: Wie vorhergesagt, setzte der Sturm ein, doch ebenso auch der Schutz, wie Jesus sagte:

> Wenn aber jener, der Geist der Wahrheit, gekommen ist, wird er euch in die ganze Wahrheit leiten; denn er wird nicht aus sich selbst reden, sondern was er hören wird, wird er reden, und *das Kommende wird er euch verkündigen* (Jh. 16,13).

Während der folgenden Monate fand ich heraus, dass Gott sehr an *unserer* Liebe zu anderen gelegen ist, nicht nur an seiner eigenen Liebe. Gott der Vater sprach zu meinem Herzen: „Wenn ich jemanden liebe, dann will ich nicht nur, dass du lediglich ein passiver Zeuge meiner Liebe bist. Ich will ein Stück von deinem Herzen. Ich will, dass du mittels meiner Liebe liebst, weil manches nur durch Liebe geheilt werden kann. Und, was noch wichtiger ist: Ich will, dass dein Herz so ist wie meines. Hör auf damit, vermeiden zu wollen, dass du dich verliebst. Liebe jedermann. Verliebe dich in alles. Die Evangelikalen sind so besessen davon, wie überbeansprucht das Wort *Liebe* ist, dass sie selbst lieblos werden. Zieh los, liebe deine Frau und Kinder, verlieb dich in die Baristas in den Coffeeshops und in die *Latte Macchiatos*, die sie kredenzen, in all die Kunden, die hereinkommen, und in deren Frisuren, ihre Tattoos und ihre individuellen Moden. Verlieb dich in das Gras und den Regen, der draußen fällt, in Bergblumen und Gletscher! Dein Problem ist *niemals* gewesen, dass du mich zu viel liebst. Deswegen kämpfst und strauchelst du *niemals*. Zieh los und liebe … Ich will dir ein Herz geben, groß genug, die Welt zu umspannen. Ich will dir *mein* Herz geben."

Erstaunlicherweise las ich nur einige Tage, nachdem ich diese Worte gehört hatte, folgenden Absatz von Fjodor Dostojewski:

Brüder, lasst euch nicht abschrecken durch die Sünde der Menschen, liebt den Menschen auch in seiner Sünde, denn das gleicht der Liebe Gottes und ist der Gipfel der Liebe auf Erden. Liebt die ganze Schöpfung Gottes, das gesamte All wie auch jedes Sandkörnchen. Jedes Blättchen liebt, jeden Sonnenstrahl Gottes! Liebt die Tiere, liebt die Pflanzen, liebt jegliches Ding. Wer jegliches Ding liebt, wird auch das Geheimnis Gottes in den Dingen erfassen. Hat er es einmal erfasst, so wird er es auch Tag für Tag immer mehr erkennen. Und schließlich wird er die ganze Welt lieben in ungeteilter, allumfassender Liebe.[1]

Gott zeigte mir auch, dass die Wurzeln von geistlichem Missbrauch, von Sexaffären und unguter Begierde niemals in der Liebe liegen. Wenn wir straucheln, dann niemals über Liebe, sondern über irgendeinen Götzen, den wir in unserem Herzen aufgerichtet haben. (Diesen Gedanken habe ich von Steve Holsinger aus Anchorage, Alaska.) Und wir werden diese Götzen nie los oder vor ihnen geschützt, indem wir Liebe verleugnen oder gesetzlich sind. Diese Götzen fallen nur, wenn sie durch die Liebe zu Gott und zum Nächsten ersetzt werden.

Vae Eli, ein samoanischer Häuptling, der jahrelang mit *Jugend mit einer Mission* gearbeitet hat, erzählte mir von seiner Reise zur Liebe. Er berichtete, dass Jungen in der Samoa-Kultur mit einem grundsätzlichen Mangel an körperlicher Zuwendung aufwachsen, was in zwei Bereichen zu Fehlentwicklungen bei vielen Samoa-Männern führt: sexuelle Begierde und Gewalt. Als Vae zu JmeM kam, schloss er sich einem Team an, in dem es viele „Hugger" gab, also Leute, die einen gerne in den Arm nahmen – und dabei fühlte er sich sehr unwohl. Er warnte sie, dass so viel Körperlichkeit für ihn problematisch sei, und er wollte sie nicht den Schwierigkeiten aussetzen, die er damit hatte. Er brachte einige dieser kleinen frommen Regeln vor, die wir entwickelt haben, um Zuneigung unverfänglich zu machen, etwa solche, die die maximale Annäherungsdistanz festlegen oder allenfalls eine flüchtige Umarmung von der Seite zulassen.

Doch sie hielten nichts davon. Die Frauen aus der Gruppe hatten beschlossen, ihm eine kräftige, warme Umarmung zukommen zu lassen, voll der Liebe Jesu, und zwar als *Lösung* anstatt als *Auslöser* für irgendwelche Lüsternheit, die er mit sich rumschleppte. Obwohl sie um seine Ängste wussten, riskierten die Frauen etwas, was Vae vielleicht als Beschmutzung ansehen würde, und so quetschten sie seine Lüsternheit gewissermaßen mit ihren Umarmungen aus ihm heraus. Ganz praktisch bewiesen sie die Wahrheit der Worte von Scott Evelyn (von den *Streams Ministries*): *Liebe ist nie vergeblich ... und gegen sie gibt es kein Gesetz.*

Diese Überzeugung ist derart ins Herz unserer Gemeinde eingesickert, dass wir uns Mühe geben, unsere Liebe für andere sehr ausdrücklich zu zeigen. So sind wir zum Beispiel eine „umarmende Gemeinde" geworden. Angeleitet von Andy MacPherson (einer unserer Mitarbeiter, der diese Jesus-Umarmungen von Behinderten gelernt hat), haben wir uns angewöhnt, eine Umarmung anzubieten, die auch ein „Nein danke!" zulässt und die man annehmen kann, ohne dass es irgendwie komisch wird. Ich glaube ganz fest, dass das Herz Gottes für seine Familie auch eine Kultur der Zärtlichkeit beinhaltet. Wie wir oft sagen: „Nicht jeder hat dieselbe Sprache der Liebe, doch jeder braucht eine Umarmung."

Die Absichten des Teufels mit etlichen Sex- und Missbrauchsskandalen zielen darauf ab, dass wir uns nicht trauen sollen, uns gegenseitig unsere Liebe zu zeigen. Er will uns einschüchtern, indem er eine paranoide Stimmung entfacht und wir dann von der Liebe Abstand nehmen. Pastoren und Seelsorger verstecken sich hinter ihren Schreibtischen, der körperliche Kontakt ist ausreichend kühl, um bloß nicht als Liebe missverstanden werden zu können, und wir schützen uns mit Anstandsregeln, damit wir niemals den Eindruck erwecken, wir würden Grenzen überschreiten. Und gleichzeitig nehmen die Fälle von sexueller Sünde in der Gemeinde sogar zu. Das ist *kein* Zufall. Wenn Gottes Liebe zurückgehalten wird und christliche Zuwendung nachlässt, dann gehen die Menschen, die danach hungern, woanders hin – und dann wird die Sache tatsächlich ungut.

Dabei sagt Jesus: „Daran werden alle erkennen, dass ihr meine Jünger seid, wenn ihr Liebe untereinander habt" (Jh. 13,35). Wir stellten uns die Frage: Was passiert in unserer Gemeinschaft, das ein Außenstehender als Liebe beschreiben würde? Beginnen und beenden wir die (mehr oder weniger) interessanten Programmpunkte auf der Bühne zügig und ohne „leere Zeit"? Vielleicht hat das unter vielen Kirchgängern um sich greifende Gefühl von Mangelernährung gar nichts mit dem Inhalt des Gottesdienstes zu tun. Vielleicht brauchen sie nur ein bisschen mehr Liebe. Es könnte doch sein, dass die Konsumhaltung, die sie zur Gemeinde mitbringen, nur zum Teil ein Produkt unserer Fast-Food-Kultur ist. Was, wenn das nur ein Zeichen dafür ist, dass die Liebeshungrigen am Tisch Gottes keine Umarmung finden? *Niemals* werden Sie einen solchen Menschen nur durch Predigen zur Fülle bringen!

Somit unternehmen wir als Gemeinde den ehrlichen Versuch, eine Liebe anzubieten, die sich zeigt. Wir versuchen, Liebe fassbar zu machen, indem wir Worte des Segens anbieten, im Gebet die Hände auflegen und denen, die das möchten, eine großzügige Portion an Umarmungen zukommen lassen. *Wir versuchen, zu einem Ort zu werden, an dem Gottes Liebe geschieht.* Das Wunder ist, dass sie dann auch an uns geschieht. Rowan Williams, der Erzbischof von Canterbury, drückt es so aus:

Insofern Sie solche Türen für andere aufmachen, lassen Sie Gott zum Zuge kommen in dem Sinne, dass Sie für jemand anderen zu dem Ort werden, an dem Gott für ihn greifbar wird. *Sie werden zu dem Ort, an dem Gott wirkt.* Gott wird für einen anderen auf eine lebensspendende Weise real, nicht, weil Sie so gut oder wunderbar wären, sondern weil es das ist, was Gott gemacht hat. Wenn wir also unsere Voreingenommenheiten, unsere Ängste und unsere Eigensucht aus dem Weg räumen können, um jemanden mit der Möglichkeit, von Gott geheilt zu werden, in Kontakt zu bringen, so kommen wir selber in dem gleichen Maße mit Gottes Heilung in Kontakt. Wenn Sie also Ihren Bruder oder Ihre Schwester gewinnen, gewinnen Sie Gott.[2]

Rosy

Rosy (nicht ihr richtiger Name) kommt aus dem Norden von British Columbia, doch wann immer sie in der Stadt ist, ist *Fresh Wind* ihr Zuhause. Sie ist arm, hat mit Süchten zu kämpfen, viel Gewalt erfahren und leidet unter den Vorurteilen, denen eine kanadische Eingeborene ausgesetzt ist. Sie erzählte uns, dass sie in der *Fresh Wind*-Gemeinde nicht zu ihrem Platz gelangen könne, ohne vorher mindestens fünf Umarmungen abbekommen zu haben. Natürlich nicht! Wir sehen Jesus in ihr! Leider tun viele das nicht. Das erste Mal kam sie zu uns, weil eine andere Gemeinde sie an uns verwiesen hatte, die nicht wussten, wie sie auf sie eingehen sollten. Rosy wollte an den Lobpreisgottesdiensten teilnehmen, doch immer wenn der Lobpreis einsetzte, fing sie an zu zittern und zu würgen. In der Annahme, dass es sich um eine geistliche Angelegenheit handelte, mit der sie nicht umgehen konnten, schickte diese andere Gemeinde sie zu uns.

Als Rosy sich bei unserem ersten Gottesdienst hingesetzt hatte, freute ich mich, sie ganz entspannt in tiefem Frieden zu sehen. Die Augen geschlossen, saugte sie die Gegenwart Gottes den ganzen Gottesdienst hindurch ein, ganz so, als

würde sie sich in einem heißen Bad aalen. Beim letzten Lied
– es war *Amazing Grace* – kam sie in Bewegung. Sie fing an
zu zittern und schwer zu atmen. Leise traten drei Fürbitter an
sie heran, stützten sie und beteten um Frieden und Befreiung.
Gleichzeitig trottete Eddie (der Eddie, von dem in einem früheren Kapitel die Rede war) ans Mikrofon und fing an, sich
zusammen mit dem Team die Lunge aus dem Leib zu singen.
Ich könnte nicht sagen, dass seine Stimme schön sei, aber an
Hingabe fehlt es nicht! Es schien, als würde er nur für Rosy
singen, deren Verhalten sich dramatisch steigerte, als Eddie in
den Gesang einstimmte. Einige der Manifestationen, die sich
bei Rosy zeigten, kann ich nicht erklären (sie waren ziemlich
unschön), doch eines weiß ich: Als der letzte Vers verklungen
war, war Rosy frei. Und darüber hinaus war sie geliebt. Wir
haben sie – im übertragenen und im Wortsinn – mit offenen
Armen aufgenommen.

$$***$$

Die Geschichten und Anekdoten in diesem Kapitel weisen
alle auf die Notwendigkeit von offenen Armen und offenen
Herzen hin, die den anderen umarmen – einschließlich der
„Geringsten". Und das soll buchstäblich durch ein liebevolles
In-den-Arm-Nehmen und im übertragenen Sinne geschehen,
weil wir die offenen Arme von Gott, dem Vater, hier auf Erden
darstellen. Indem wir unsere Arme ausbreiten und die Aller-
geringsten und Verlorensten willkommen heißen, ahmen wir
Gott in vierfacher Weise nach, wie es der Theologe Miroslav
Volf in *Exclusion and Embrace*[3] beschreibt, einem Werk über
Gerechtigkeit und Versöhnung, das man unbedingt gelesen
haben muss:

1. Offene Arme sind eine Geste des Sich-Ausstreckens zum anderen. Sie signalisieren die Unzufriedenheit mit meiner in sich selbst eingeschlossenen Identität und weisen auf mein Verlangen nach dem anderen hin.

2. Offene Arme bedeuten, dass ich in mir einen Platz geschaffen habe, in den der andere hineindarf. Nicht länger nur „mit mir selbst angefüllt", mache ich mich auf den Weg zu meinem Nächsten auf und bewege mich aus meinen befestigten Grenzen hinaus.

3. Offene Arme deuten auf einen Spalt in mir hin, eine offene Tür in mich hinein, durch den der andere eintreten darf. Sie signalisieren: Da gibt es eine Öffnung in der Abgrenzung meines Selbst.

4. Offene Arme sind eine Geste der Einladung, wie eine offene Tür, die einem erwarteten Freund zuruft: „Komm rein!" Doch anders als die offene Tür bedeuten die offenen Arme auch ein sanftes Anklopfen an der Tür des anderen, die höfliche Anfrage, ob *ich bei ihm* eintreten darf.

Indem wir der Welt unsere ausgebreiteten Arme entgegenstrecken – und besonders auch den Geringsten unter uns –, verkündigen wir die Botschaft der Versöhnung: den offenen Tempel, den offenen Tisch, die offenen Arme, die offenen Herzen, beschränkt nur doch das, was wir anbieten, sprich: die verschwenderische Liebe Jesu. Für die, die darauf eingehen, die, welche wir aufnehmen, werden wir der Herbergswirt in Bethlehem, der vielleicht Raum für Christus und seine Familie geschaffen hätte. Wenn wir nur Augen haben, die nicht zu trocken sind, um zu sehen.

Kommet her, ihr alle, alle; bei ihm ist Ruhe; und er macht es nicht schwierig, er tut nur eins: Er öffnet seine Arme. Er fragt dich nicht erst, du Leidender – ach, wie gerechte Menschen fragen, selbst dann, wenn sie helfen wollen: Du bist doch wohl nicht selbst an deinem Unglück schuld, du hast dir doch wohl nichts vorzuwerfen. Es ist so leicht, so menschlich nach dem Äußeren, nach dem Ergebnis zu urteilen: Wenn jemand Krüppel ist oder verwachsen, oder wenn er ein unvorteilhaftes Aussehen hat, da zu urteilen: ergo ist er ein böser Mensch; wenn jemand so unglücklich ist, dass es ihm in dieser Welt schlecht geht, sodass nichts aus ihm wird, oder indem es rückwärts mit ihm ging, dann zu urteilen: ergo ist er ein schlechter Mensch. O, und dieser grausame Genuss ist so raffiniert erdacht, seine eigene Gerechtigkeit gegenüber dem Leidenden zu fühlen, indem man dessen Leiden als Gottes Strafe über ihn erklärt, sodass man ihm nicht einmal zu helfen – wagt, oder indem man ihm jene verurteilende Frage vorlegt, die der eignen Gerechtigkeit schmeichelt, ehe man ihm hilft. Er aber wird dich nicht so fragen, er wird nicht auf grausame Weise dein Wohltäter sein wollen. Und bist du dir bewusst, ein Sünder zu sein, so wird er dich nicht danach fragen; er wird das gebeugte Rohr nicht noch mehr zerbrechen, sondern dich aufrichten, wenn du dich ihm anvertraust; er wird dich nicht durch den Gegensatz bloßstellen, indem er dich außerhalb seiner selbst stellt, sodass deine Sünde noch furchtbarer wird; er wird dir eine Zuflucht bei sich gönnen, und indem du so in ihm geborgen bist, wird er deine Sünden verbergen. Denn er ist der Freund der Sünder. Wenn von einem Sünder die Rede ist, bleibt er nicht allein stehen, um seine Arme zu öffnen und zu sagen: „Kommet her", nein, da bleibt er stehen – und wartet, wie der Vater des verlorenen Sohnes wartete, oder er bleibt nicht nur stehen, um zu warten, sondern geht aus, um zu suchen, wie der Hirt die verirrten Schafe sucht, wie das Weib nach dem verlorenen Pfennig. Er geht, doch nein: Er ist bereits gegangen, jedoch unendlich weiter als je ein Hirt oder je ein Weib, denn er ging ja jenen unendlich weiten Weg vom Gottsein zum Menschwerden, und den ging er, um Sünder zu suchen![4]

Teil 5

Jesus auf dem schmalen Weg nachfolgen

23

Enge Pforte, schmaler Weg

Brad Jersak

Das Wort wurde Fleisch und Blut
und zog in die Nachbarschaft ein.

nach Johannes 1,14

Bei all dem Reden über Offenheit – offener Tempel, offener Tisch, offene Arme, offene Herzen – müssen wir uns fragen: „Was ist mit der engen Pforte, von der Jesus sprach? Ganz gewiss darf die Botschaft nicht in der Weise durch eine umfassende Einschließlichkeit verwässert werden, dass letztlich alles geht! Wie steht es mit dem Preis der Nachfolge?"

Eine angemessene Frage. Wenn Sie sich diese Frage bislang nicht gestellt haben, hoffe ich, dass Sie es jetzt tun. Erinnern Sie sich an die Worte Jesu:

Geht hinein durch die enge Pforte! Denn weit ist die Pforte und breit der Weg, der zum Verderben führt, und viele sind, die auf ihm hineingehen. Denn eng ist die Pforte und schmal der Weg, der zum Leben führt, und nur wenige sind, die ihn finden. (Mt. 7,13-14)

Im Lauf der Geschichte erwies es sich als problematisch, dass religiöse Institutionen und ihre Leiter selber bestimmt haben, wo die enge Pforte aufgestellt ist und wem sie den Weg verwehren soll. Der Vorwurf Jesu klingt durch die Zeiten:

> Wehe aber euch, Schriftgelehrte und Pharisäer, Heuchler! Denn ihr verschließt das Reich der Himmel vor den Menschen; denn ihr geht nicht hinein, und die, die hineingehen wollen, lasst ihr auch nicht hineingehen. (Mt. 23,13)

Bei uns ist es nicht anders. Angefangen bei den Ordnern, die Gandhi davon abhielten, in Südafrika eine Kirche zu betreten, wo er bei Andrew Murray vielleicht die Frohe Botschaft gehört hätte, bis hin zu denen in unserer Stadt, die angewiesen wurden, die Behinderten aus dem Blickfeld zu schaffen, weil sie „zu störend wirken könnten" – für sie alle hat Jesus einen Wehruf. Es steht uns nicht zu, dort, wo Jesus eine große, dauerhaft weit geöffnete Tür errichtet hat, ein Drehkreuz zur Eingangskontrolle zu installieren. Die Gemeinde muss die Kontrolle über diese Tür völlig aufgeben und stattdessen dahin zurückkehren, in den Gassen, an Hecken und Zäunen Einladungen auszuteilen, so wie es Jesus angeordnet hat. (Schon erschreckend, wenn man daran denkt, wer an diesen Orten lebt – aber nur so lange, bis Sie sie kennen- und lieben lernen.)

Christus alleine legt fest, wie die enge Pforte beschaffen ist. Er definiert es umfassend mit zwei Wörtern: „Folge mir", womit er wohl meint: „Liebe deinen Nächsten". Die Einladung zum Thron der Gnade, zu Gottes Festmahl und in die Arme Christi gilt jedem. Aber wenn wir hinzugetreten sind und seine Worte des Lebens gehört haben, seine Güte und Gnade geschmeckt haben, dann sehen wir Jesus, wie er sich zu einem bestimmten Zweck an der Tafel erhebt. Die, welche zu diesem Punkt der Reise Ja gesagt haben, sehen sich einer weiteren Einladung gegenüber: dem Ruf, es ihm in seiner hingegebenen Liebe, die auch das Risiko nicht scheut, gleichzutun. Warum ist die Pforte überhaupt eng? Weil nur so wenige hindurchzugehen wagen? Oder weil es so viel kostet, diesem Ruf zu folgen? Im Tempel ist es warm, die Speisen der Tafel sind köstlich. Wir mögen den Jesus, an dessen Brust wir uns anlehnen dürfen. Doch wohin geht er jetzt? Vielleicht haben wir eine Vorahnung, dass es wieder nach Gethsemane geht, und kurz drauf nach Golgatha. Vielleicht sehen wir ihn, wie er uns ein Zeichen gibt, unser eigenes Kreuz mitzubringen.

Nettes Bild, aber was bedeutet das? Es heißt, dass uns Jesus einlädt, ihm auf seiner Mission, wo „das Wort Fleisch und Blut wurde und in die Nachbarschaft einzog", zu folgen (vgl. Jh. 1,14).

Das ist das Geheimnis des Universums: Ein Baby, das sehr bald auf der Flucht sein wird, liegt beim Vieh im Stroh in einem armen Dorf inmitten eines besetzten Landes! Gott wird einer von diesen Geringsten. Das Wort wird Fleisch, die Botschaft wird lebendig und zum Evangelium der Liebe. Und jetzt sagt er: „Folgt mir. Ahmt meine Liebe nach. Macht euch meine Mission zu eigen." Will sagen: Es ist höchste Zeit, dass unsere Botschaft wegkommt von Worten und Predigten, vom Lehren und von Konferenzen und sich wandelt zu echten Taten der Liebe und des Lebens Gottes in dieser Welt. Die Gemeinde muss, wie ihr Herr, menschlich werden.

Wenn das Christentum im 21. Jahrhundert noch in irgendeiner Weise relevant ist, dann deswegen, weil es nicht mehr länger nur hört, was Jesus sagt, sondern tut, was er sagt. Damit ist man „ein weiser Mann, der sein Haus auf den Felsen baut" (Mt. 7,24-27). Wenn unsere Spiritualität etwas bedeutet, dann wird sie eine echte Umkehr zur Folge haben, die uns dazu bringt, so zu leben wie der Eine, der sein Leben gab, um die Welt zu retten. Mit anderen Worten: Wir sollen wie Christus die Fleisch gewordene Botschaft der Liebe Gottes sein, insbesondere für „die Geringsten", die er Brüder und Schwestern nennt. Dieser schmale Weg ist durch das Kreuz gekennzeichnet, weil Gottes Liebe mindestens zwei Arten von Tod erfordert:

1. Wir müssen unserer Haltung der Geringschätzung und Missachtung sterben, dieser subtilen, herabschauenden Gehässigkeit gegenüber „den anderen". Die ganz offensichtlichen „anderen" sind die, mit denen wir Krieg führen, sei es an weit entfernten Orten gegen Menschen anderer Religion, politischer Einstellung oder Hautfarbe, oder diejenigen, die wir gleich nebenan in den Kulturkämpfen um Sexualität, Moral usw. bekämpfen. Wenn wir auf Fragen von „weltlicher Sünde" voller Verachtung, Ausgrenzung und Ablehnung reagieren, dann sind unsere Einstellungen genauso „Werke des Fleisches" wie das, was wir bekämpfen. (Galater 5,19.20 fasst sie zusammen). Wir müssen diese Haltungen ans Kreuz bringen und sie in den Tod geben, andernfalls sind wir *schlicht und ergreifend nicht Christus nachgefolgt und haben den schmalen Weg der Liebe verlassen.*

2. Zweitens will Christus, dass wir ihm an das Kreuz der „mit-leidenden Liebe" folgen. Wir begeben uns in das Geheimnis des Leidens *mit* den Menschen hinein und sehen uns dann nach Gott um. Wir sagen also: „Ja, ich will", wenn Gottes Herz das unsere aufbricht und es weit macht, um dann eine weltumspannende Schau aufnehmen zu können. Meine Freundin Heidi Miller sah das im Gebet als eine Weltkugel, die Umstandskleidung trug! Die Welt scheint platzen zu wollen, und Gott hält Ausschau nach Geburtshelfern. Die Sache ist die: Was wäre, wenn Gottes Plan durch Christus wirklich der ist, die Welt zu retten? Was, wenn das Fleisch und Blut, durch das sich Christus heute in unserem Viertel bewegt, wir sind?

Und was ist, wenn die Rettung der Welt nicht großartiger ist als der Dienst an dem geringsten Menschen, den wir kennen? Werden wir folgen?

Der Herr verlässt die Festtafel und geht durch die schmale Tür nach draußen. (Merke: Die Tür nach *innen* ist weit, die nach *draußen* eng.) Da schaut er noch mal über die Schulter, hört unsere unausgesprochenen Fragen und sagt: „Sicher, kommt mit … [Denkpause], *aber kommt!"*

Mit dem König vorangehen

„Der König sagte: Warum gingst du nicht mit mir?"

„Mit mir!" Mit unserem König zusammen zu sein, ist unser größtes Glück in der Ewigkeit; und auf Erden ist es gewiss die ehrenvollste und seligste Stellung. Aber wenn wir immer mit ihm *sein* wollen, müssen wir manchmal bereit sein, mit ihm zu *gehen*.

„Der Sohn Gottes zieht in den Kampf" – heutzutage. Ziehen wir mit ihm? Sein Kreuz ist „vor den Toren der Stadt". Gehen wir „hinaus zu ihm, aus dem Lager, und ertragen seine Ablehnung"? Gehen wir wirklich jeden Tag und den ganzen Tag lang mit ihm und „folgen dem Lamm, wohin immer es geht"? Wie steht es mit dieser Woche, diesem Tag? Sind wir treu mit unserem König gegangen, wohin auch immer sein Banner, seine Fußspuren vorangehen?

Wenn sich die Stimme unseres Königs in unserem Herzen vernehmen lässt: „Warum gingst du nicht mit mir?" – du, der du „beständig am Tisch des Herrn" isst, du, der du einen Platz unter den Königssöhnen hast, du, dem der König „die Güte Gottes" erweist – dann können wir keine Begründung nennen. Er hätte die hindernde geistliche Lahmheit geheilt, und wir hätten ihm nachlaufen können. Wir sind ohne Entschuldigung. Nur jetzt können wir mit Jesus in den Konflikt eintreten, in Leiden, Einsamkeit und Mühsal. Nur jetzt können wir die Hilfe des Herrn gegen die Mächtigen in diesem großen Schlachtfeld in Anspruch nehmen. Sollen wir von den

Gelegenheiten zurückschrecken, die den Engeln verwehrt sind? Gewiss müssen sich die Jünger selbst dann, wenn sie mit ihm in Herrlichkeit sind, „an die Worte des Herrn Jesus erinnern, wie er sagte: ‚Ihr seid es, die *mit mir* in meinen Versuchungen ausgeharrt habt'", mit einem Schauer glückseliger Dankbarkeit ob dieses Vorrechts.

Es wird kein Leiden mehr geben mit ihm im Himmel, nur Herrschen mit ihm; kein Kämpfen mehr unter seinem Banner, nur ein Sitzen mit ihm auf seinem Thron. Aber heute können wir unsere liebevolle und dankbare Hingabe an unseren König in der Gegenwart seiner Feinde unter Beweis stellen, indem wir uns erheben und mit ihm hinausgehen, hinaus *aus* einem einfachen Leben der Eitelkeit und eigensüchtigen Beschäftigungen – hinaus in jedwelche Art der gesegneten Gemeinschaft in seinen Werken, seinen Kämpfen oder vielleicht seinen Leiden, die der König selbst für uns aussucht. Wir haben seinen Ruf gehört: „Kommt *zu* mir"; heute sagt er: „Kommt *mit* mir."

Frances Ridley Havergal[1]

24

Die Feuerprobe
Interviews aus Burma

Brad Jersak

Welch eine Ehre – der Gedanke, dass ihr alle hier vor mir
Christus seid! Selbst der ärmlichste Kleinbauer, der grübelnd
am Radio sitzt, du bist Christus! Denn deine Taufe ist eins
mit Tod und Auferstehung des Herrn.

Oscar Romero

Im Januar 2006 begab ich mich mit einer besonderen Absicht auf eine Pilgerfahrt nach Thailand: Ich wollte das Volk
der Karen besuchen, eine Minderheit im Norden Burmas.
(Aus Solidarität mit den Karen erkenne ich die neue, von der
Militärjunta eingeführte Bezeichnung Burmas nicht an.) Diese
wunderbaren Menschen leben in extremer Verfolgung. Das
burmesische Militär und seine Milizen verwandeln ihre Dörfer
in Schutt und Asche, vergewaltigen, foltern Frauen und Kinder,
legen Minenfelder an, zerstören die Ernten und verschleppen
die Menschen zur Zwangsarbeit. Eine ihrer Terrormethoden
sind Amputationen. Die Zahl der Binnenflüchtlinge in Burma beläuft sich auf etwa zwei Millionen, und an die 70000
Kindersoldaten streifen durch den Dschungel. Fügen Sie dem

noch die Zehntausende hinzu, die in den Flüchtlingscamps auf thailändischer Seite des Grenzflusses leben, und Sie haben das Rezept für die Hölle auf Erden.

Ich hatte das Vorrecht, Karen-Flüchtlingslager (mit bis zu 50000 Bewohnern) auf thailändischer und burmesischer Seite der Grenze besuchen zu können. An zwei Orten in Burma war die komplette Siedlung dieser Leute vier Mal dem Erdboden gleichgemacht worden. Meine Hoffnung war, dass ich von den Karen und den Menschen, die ihnen halfen, mehr über den schmalen Weg von Jesus erfahren würde. Ich spürte, dass mir diese Menschen die Feuerprobe bieten könnten für das, was ich über den schmalen Weg gehört und gelesen hatte und worüber ich schrieb. Anders gesagt: Wenn es in ihrer Situation keinen Sinn ergeben würde, dann würde es vermutlich nirgendwo sonst Sinn machen. Wenn es dort nicht wahr wäre – wenn es nicht in Flüchtlingslagern oder angesichts der Nachwirkungen vom Niederbrennen ganzer Dörfer ausgelebt werden könnte –, dann wird es wohl auch sonstwo nicht wahr sein. Vieles von dem, was im Westen als Geistlichkeit durchgeht, erweist sich in so einem Zusammenhang als substanzlos – an welchem Ort ließe sich meine These also besser überprüfen?

Interview 1: Die Familie des Weißen Affen

Mein erstes Gespräch führte ich mit einer Amerikanerin, deren Familie sich dem Auftrag verschrieben hat, ein Leben auf dem Pfad einer gewagten, mit Risiken behafteten Liebe zu führen. Und glauben Sie mir: Das ist eine Untertreibung. Sie werden die „Familie des Weißen Affen" genannt, ein Spitzname, der von ihrer ältesten Tochter herstammt, einer Fünfjährigen, die wegen ihrer schier nicht versiegenden Energie so genannt wurde. Die Prophezeiung einer alten Karen-Legende verhieß: „Wenn das Volk unterdrückt wird, wird ein weißer Affe kommen und ihm helfen." Und so kam es. Mit den radikalen Eltern und ihren zwei jüngeren Geschwistern (darunter ein Säugling), gehört sie zu einer Nicht-Regierungsorganisation namens *Free Burma Rangers/FBR* (www.freeburmarangers.org).

FBR schult Teams von Karen-Einheimischen im Dschungel Burmas, damit sie Menschen, die aus ihren verbrannten Dörfern vertrieben wurden, aufspüren und sammeln können. Sie geleiten sie zwischen den Einheiten der burmesischen Armee hindurch, durch Minenfelder und Mörserfeuer, hin zu Orten, wo sie in Sicherheit sind. Dort versorgen sie ihre Verletzungen, geben ihnen Medikamente, Decken und Kleidung. Zudem dokumentieren sie Menschenrechtsverstöße. Doch am wichtigsten ist, dass sie den Menschen die angesichts dieser furchtbaren Gräuel so dringend benötigte Liebe weitergeben. Ihr Motto lautet:

Liebt einander. Schließt euch zusammen und arbeitet für Freiheit, Gerechtigkeit und Frieden. Vergebt – und sagt dem Hass ab. Betet im Glauben, handelt mutig und gebt niemals auf.

Nachdem ich Fotos dieser Familie gesehen hatte, wie sie, drei Kinder im Schlepptau, durch den Dschungel marschierte, konnte ich nun ein wenig mit der Mutter des „Weißen Affen" reden, über ihre Version des schmalen Wegs und der hochriskanten Liebe. Und so verlief das Gespräch:

Brad: Es scheint, dass du und deine Familie dem folgt, was Jesus „den schmalen Weg" nennt – den Weg einer risikoreichen Liebe. Erzähl mir etwas von dieser Art zu leben.

Mom: Ich glaube an Johannes 10,10, wo Jesus sagt, dass er gekommen sei, um uns das gute Leben zu geben, das überfließende Leben. Das möchte ich für meine Kinder. Es gibt eine westliche Version dieses überströmenden Lebens, dabei geht es nur um Haben und Erlangen, darum, anzuhäufen und sein eigenes Leben zu bewahren. Doch wir haben uns entschlossen, unsere Kinder mit in den Dschungel zu nehmen und sie eine Alternative zu lehren, eine andere Weise zu leben. Wir hoffen, dass sie, wenn sie dann mal zehn Jahre alt sind, wirklich das überströmende Leben leben, wie die Karen es gelehrt haben:

1. Einfachheit. Die Menschen leben zufrieden in Bambushütten, essen frittierte Frösche und Fischpaste. Sie haben einen Weg gefunden, freudig und natürlich zu sein.

2. Gastfreundschaft. Sie haben die Einstellung: „Komm in mein Haus. Bleib, so lange du magst. Du brauchst nicht vorher Bescheid zu sagen, und der Gastgeber muss nicht extra Aufwand betreiben. Bring einfach irgendetwas mit, was du mit den anderen teilen kannst."

3. Großzügigkeit. Ihr Gruß lautet: „Komm, iss mit mir", und das meinen sie so. Es geht nicht darum, dass wir ihnen all ihr Essen wegfuttern, es ist ein Gruß, der ihre Großzügigkeit zum Ausdruck bringt.

4. Mitgefühl. Das heißt, den Verletzten zu helfen. Die FBR-Schüler geben ihr Leben für die Menschen hin, wo immer der Kampf auch tobt.

Brad: Wie sieht's mit dem Grad der Gefährdung und mit der Sicherheit eurer Kinder aus? Macht dir das Angst? Oder ihnen?

Mom: Zunächst einmal tun wir, was wir können, um die Kinder in einem befestigten (nicht zwingend sicheren) Basis-Camp unterzubringen, weit weg vom Beschuss. Wir sind bestrebt, sie nicht zu ängstigen, dabei nehmen wir uns den Film *Das Leben ist schön* zum Vorbild. Jeder wird wie Onkel oder Tante angesehen, dadurch erfahren die Kinder Unmengen von Liebe. Wir bringen ihnen bei, dass Gut und Böse von Bedeutung sind. Einige Menschen sind böse, doch wir sind hier, um Gutes zu tun. Wir müssen uns nicht sorgen, denn Gott öffnet die Türen und wir tun, was er tut.

Mai La

Zudem leben wir mit ganz bestimmten Überzeugungen:

1. Diese Menschen brauchen unsere Hilfe.

2. Ich muss da sein, wo mein tiefstes Verlangen den tiefsten Nöten der Menschen begegnet. Wir glauben an diesen Auftrag, diese Arbeit.

3. Doch vor allem liegt eine große *Freiheit* darin, dein Leben hinzugeben anstatt dich damit zu belasten, es zu bewahren. Das Wissen, dass das Leben mehr bereithält

als die Zahl der Tage, die wir hier leben, beschert einen großen *Frieden*. Die Fülle unserer Tage bemisst sich eher nach der Qualität unseres Lebens als danach, wie alt wir sind, wenn wir schließlich sterben. Ich weiß nicht genau, wie nahe meine Tochter auf unserem letzten Trip dem Tod durch Fieber und Krankheit war, doch weiß ich: Welche Zeit Gott ihr auch immer noch zugestehen mag, es ist ein Leben des Überflusses – das gute Leben –, so, wie er es gemeint hat.

Wenn Gott dich irgendwo hinschickt oder dir eine Aufgabe gibt, glaube ich, solltest du das so lange tun, bis er dich weiterschickt. Als ich einmal darüber nachdachte, aufzugeben und in die USA zurückzugehen, hatte ich eine Vision: Ich befand mich inmitten eines Sees und hatte den Eindruck, das Wasser wäre mir zu tief geworden. Zwar konnte ich mich noch über Wasser halten, aber ich hatte Angst. Ich entschloss mich, ans Ufer zu schwimmen, um mich ein wenig auszuruhen, doch als ich ans Ufer kam, sah ich, dass Jesus immer noch mitten im See war. Er streckte mir die Arme entgegen und sagte: „Ich bin hier bei dir." Ich kam zu dem Schluss, dass es für mich besser sei, mit Jesus im See als auf mich allein gestellt am Ufer zu sein.

Interview 2: Steve Gumaer von den Partners

Steve und Oddney Gumaer sind Gründer und Vorsitzende von *Partners* (www.partnersworld.org), einer Hilfs- und Entwicklungseinrichtung, die unter den Karen und anderen ethnischen Minderheiten in Burma auf vier Gebieten arbeitet:

1. Medizinische Hilfe
2. Förderung von Bildungseinrichtungen
3. Notfallhilfe

4. Förderung eigener Fähigkeiten und Kapazitäten (Menschen fördern durch Vermittlung medizinischer Kenntnisse, Lehrerausbildung usw.)

In Steve sah ich jemanden, der Sprüche 31,8-9 umsetzte:

Öffne deinen Mund für den Stummen,
für den Rechtsanspruch aller Schwachen!
Öffne deinen Mund, richte gerecht
und schaffe Recht den Elenden und Armen.

Ich spürte, dass er etwas dazu sagen konnte, wie diese Menschen auf dem schmalen Weg gingen:

„Wir sind angefangen, unter einer anderen Volksgruppe in Burma zu arbeiten, den *Karenni*. Wie die Karen sind auch sie Ziel einer Ausrottungskampagne seitens der burmesischen Regierung. In den vergangenen zehn Jahren wurden 2500 ihrer Dörfer niedergebrannt.

Partners versorgt die Armen und Kranken mit Medikamenten und organisiert Gelder, um Schulen in den Dörfern einzurichten. So gibt es zum Beispiel sieben Dörfer, in denen 2000 Kinder Schulunterricht benötigen. *Partners* hat die Vision, in jedem dieser Dörfer eine Schule zu errichten.

Aber erst gestern rief mich mein Freund vom FBR aus einem dieser Dörfer über Satellitentelefon an. Im Hintergrund waren Mörserfeuer und Schüsse zu hören. Ich erfuhr, dass sie beschossen wurden. Mein Freund berichtete, dass alle sieben Dörfer gerade angezündet, Menschen selektiert und erschossen worden waren, Frauen von den Horden vergewaltigt und ihre Brüste abgeschnitten und verbrannt worden waren, während Kinder gezwungen wurden, dem zuzuschauen.

Als das FBR eintraf, fanden sie einen einsamen Sanitäter, der sich um einen älteren Mann kümmerte. Der Mann war zu seinem abgebrannten Heim zurückgekehrt, um einige verbliebene Besitztümer auszugraben, als ihm eine Landmine die Beine abriss. Die lebensrettende Amputation führte der Sanitäter mit einem *Leatherman*-Messer durch – seine siebte Operation dieser Art an diesem Tag.

Aber diese Menschen sind widerstandsfähig. Sie sagen: „Wir werden fliehen, aber nicht weichen." Sie warten im Dschungel ab und kommen dann wieder hervor, um neu aufzubauen. Diese Karenni sind allesamt Christen. Als die Dörfer niedergebrannt wurden, blieb eine Kirche irgendwie verschont. Über den Tag verteilt hielten sie sieben Gottesdienste, um alle Gläubigen aufnehmen zu können.

Heute Morgen rief mein Freund wieder an, und wieder sagte er: „Hör!" Im Hintergrund hörte ich die Karenni, die jetzt in der Asche ihres Dorfes standen, während medizinische Hilfsgüter von *Partners* angeliefert wurden. Und sie sangen die alten Baptistenlieder. Vierstimmig.

In meinem Herzen traf ich eine Entscheidung: Ich kann diese Menschen nicht länger als Teil einer Statistik oder als Flüchtlinge behandeln. Sie sind meine Nachbarn. Das heißt? Das heißt, dass ich sie nicht als Objekte oder Zahlen behandeln kann, denen zu dienen ist. Ich kann nicht einfach in irgendeiner unbestimmten Art und Weise sagen: „Was würde Jesus tun?" Mein Herz soll so für sie Sorge tragen, wie ich es für meine eigenen Kinder tun würde. Das heißt, dass ich sie in mein Herz hineinlassen muss. Das Bild Gottes in mir muss das Bild Gottes in ihnen erkennen und so handeln, wie ich es an meiner eigenen Familie tun würde. Wenn das Haus brennt und ich meine Kinder von drinnen schreien höre, dann halte ich nicht inne, um zu fragen: „Ist das sicher? Ist das erlaubt? Ist das angemessen?" Vielmehr stürme ich hinein und rette die Kinder, selbst wenn es mein Leben kostet.

Wie sieht also die Karenni-Version des schmalen Wegs aus? Ihr Leben und ihr Glaube wurde der Feuerprobe der Verfolgung unterzogen. Und wo treffen wir sie an? In der Asche stehend, voller Jubel.

Sie sehen: Da ist ein Bereich ihrer Seele, der unantastbar ist. Niemand kann diesen Bereich des Lebens, der von Gott stammt, nehmen, nicht mal dann, wenn sie getötet werden. Dieser geheiligte Bereich ihres Herzens ist frei – sogar freier als ihre Unterdrücker."

Interview 3: Pu Ton – ein wahrer Apostel

Es ist eine Sache, von jenen zu hören, die in der Arbeit mit den Vertriebenen und Flüchtlingen ihr Leben geben. Eine ganz neue Welt tut sich auf, wenn man das von den Karen aus erster Hand erzählt bekommt. Ich traf Pu (Großvater) Ton im Lager Mae-La, wo ich die Gastfreundschaft und Großzügigkeit genoss, von der ich schon gehört hatte. In einer einfachen, strohgedeckten und auf Stelzen errichteten Hütte wurde mir eine leckere Mahlzeit von würzigen Karen-Gerichten serviert. Pu Ton ist fünfundsiebzig. Über 40 Jahre hatte er als missionarischer Gemeindegründer unter dem Volk der Wa gearbeitet. Er leitete apostolische Teams im ganzheitlichen Dienst an, der Folgendes umfasste:

1. Predigt der Guten Nachricht

2. Bildung – von der Grund- bis zur Bibelschule

3. Schulung in Umweltfragen

4. Land- und Hauswirtschaft

5. Gesundheitsvorsorge

Es gelang ihnen, friedlich mit den Buddhisten und Animisten zu leben, die sich häufig zum Christentum bekehrten, weil sie die Liebe und den Frieden Gottes selbst im Angesicht von

Aberglauben und Verfolgung sahen. Seit mehr als zehn Jahren muss er jetzt schon in einem Flüchtlingslager leben, wo er weiterhin die Bibelschule und die Gemeinde unterstützt, die dort entstanden sind. Er war eher ein Mann weniger Worte, aber mit enormer Autorität. Als ich ihn wegen des schmalen Wegs befragte, sagte er:

„Der Schlüssel zu Erweckung ist das Martyrium. Martyrium ist ein stabiles Fundament für die Gemeinde. Wir haben Verfolgung erfahren, doch bezeugen wir auch die Segnungen, die die Verfolgung nach sich zieht. Darum danken wir Gott dafür. Wir danken ihm, weil wir in den Momenten sehen, wie sehr Gott uns liebt. Auf jeden Märtyrer kommen tausend weitere, die die Liebe Gottes kennenlernen.

Mittels dieser Verfolgung haben wir die Kraft des Gebets kennengelernt. Wir lernten die Kraft der Vergebung kennen, lernten, wie man die Feinde segnet, die unsere Familien getötet haben. Und wir sehen, wie sich unsere Feinde verändern. Das ist die Botschaft des Evangeliums. Das Kreuz führt zu Frieden und Versöhnung."

Schlussfolgerung

Ich kann ehrlich sagen, dass ich während meiner kurzen Tour nach Thailand nicht selbst den schmalen Weg der Liebe Jesu, die das Risiko nicht scheut, zu gehen *gelernt* habe. Doch habe ich davon *gehört*, ich kann ihn bezeugen, und was ich gesehen habe, mag zu einer Ausgangsbasis dafür werden, es selbst zu lernen. Zu sagen: „Ja, ich will folgen", ist nur der erste Schritt. Nachdem ich ein wenig beobachtet habe, wohin das führen kann, habe ich den Verdacht, dass mein „Ja" ein wenig mit solchen guten Absichten befleckt ist, die ich am Ende von Lukas 9 erkennen kann, und mit dem Wankelmut des Petrus, bevor er den Herrn dreimal verriet. Einige der Menschen, die ich traf, hatten keine Wahl, ob sie ihre Dornenkrone nehmen wollten. Sie wurde ihnen durch Ort und Zeit ihrer Geburt aufgedrückt. Andere nahmen ihr Kreuz freiwillig auf und zogen in das Dickicht der burmesischen Kriegsgebiete, weil die Liebe Christi sie trieb. Aber wie steht es mit mir? Wie sieht das „Folge mir nach" in meinem Leben aus? Dieser Frage gehe ich immer noch im Gebet nach.

Gleichwohl habe ich Jesus in jenen Menschen gesehen. Ich konnte sehen, wie sie ihre extralangen, nur kniehohen Esstische weit für alle öffneten, die Hunger und Durst haben. Und in ihnen begegnete mir Jesus, der mich herausforderte, von dem Tisch aufzustehen und ihm auf dem schmalen Weg der mit-leidenden Liebe zu folgen. Ich spürte Jesus in ihnen, wenn sie mir im Gebet die Hände auflegten oder ihre Liebesgaben an mich austeilten. Ich hörte Jesus durch sie, wenn sie leise ihre Geschichte erzählten – und dann doch einen Weg fanden, am Ende zu lächeln und zu lachen. Diese Schlussgedanken schrieb ich damals in mein Tagebuch.

* * *

Der Weg Jesu ist der Weg der Liebe Jesu. Das ist der einzige Weg. 1. Korinther 13 sagt, dass Zungenreden, Weissagung, Wunder und selbst das Martyrium ohne Liebe völlig wertlos sind. Alles, was zählt, ist der Glaube, der sich in der Liebe ausdrückt (Gal. 5,6). Auf Gott gerichteter Glaube, den Menschen zugewandte Liebe, das ist der Weg, den Christus seinen Jüngern vorgeschrieben hat, eigentlich der ganzen Menschheit.

Er hat diesen Weg markiert, den Weg der hingegebenen, dienenden Liebe, und ich hege den Verdacht, dass es viele gibt, die diesen Weg gefunden haben, während sie sich noch nach dem umschauten, der ihn erschaffen hat. Wenn sie seinen Weg einmal betreten haben, fangen sie ganz sicher irgendwann an, seinen Duft wahrzunehmen – und selbst den ihrer Mitreisenden, und letztlich werden sie zu ihm selbst aufschließen. Das ist wichtig, denn den auszumachen, der diesen Pfad durch den Dschungel der Geschichte geschlagen hat, ermöglicht uns, auf dem Weg zu bleiben.[1]

Das rettende Werk Christi, des „neuen Adam", ist wesentlich dramatischer, mächtiger und effektiver, als es der Fall des ersten Adam war. Er hat durch sein Opfer hier auf Erden etwas festgemacht, das zu jedermann hinreicht. Seine Frage lautet nunmehr nicht einfach: „Bist du gerettet, Bruder?", sondern: „Möchtest du mein Gehilfe hier in der Welt sein? Meine Gnade reicht weiter, als du denken kannst, also freu dich. Doch wer wird mir folgen? Wer wird an meinen Plänen für mein Reich teilhaben? Lässt du mich dir beibringen, wie man dieses Leben hinkriegt?"

Ich habe zudem den Verdacht, dass viele derer, die Christus bekennen, sich radikal vom schmalen Weg abgewandt haben. In seinem Namen verfolgen sie Wege, die sich in Richtung Verderben schlängeln, oder sie haben ihre eigenen Autobahnen errichtet, auf denen sie andere vom Weg Christi wegführen, von der Liebe zu Gott, dem Bruder, zum Nachbarn oder zum Feind.

Glaube beinhaltet das Vertrauen, dass der Weg Jesu der Weg zum Leben ist, selbst dann, wenn es wie Sterben aussieht. Dieser Höhenweg führt uns an einige ziemlich niedere Orte. Nicht umsonst heißt er „Weg des Lebens" *und* „Weg des Kreuzes".

Was zählt, ist, dass „die Geringsten" den Weg säumen.

Finde sie, liebe sie, diene ihnen – und der schmale Weg ist nicht weit weg. Die Armen, die Sanftmütigen, die Klagenden, die Friedensstifter, die nach Gerechtigkeit Hungernden sind diejenigen, die auf diesem Weg gehen. Sie beschreiben den Weg und bringen uns zu *dem* Weg, Jesus. An dieser Stelle geht es weniger darum, ob sie oder wir das Gebet des Sünders gesprochen haben, als vielmehr darum, *ob* und *wie* wir auf den Weg ausgerichtet sind, den Jesus bereitet hat. Was uns betrifft, lasst uns die Welt und die Gemeinde einladen, mutig diesen Weg zu beschreiten und den Einen zu verkünden, der ihn als Erster gegangen ist – den Einen, den wir in den Geringsten erkennen.

25

Christus: mein geliebter Feind

Brad und Eden Jersak

Du bereitest vor mir einen Tisch im Angesicht meiner Feinde.

Psalm 23,5

Auf einem der *Open Temple, Open Table*-Seminare sprach mich kürzlich eine Frau an: „Letzte Nacht habe ich von dir geträumt." Fang so niemals eine Unterhaltung an. Ich hielt den Atem an und sie fuhr fort: „Es war sehr kurz. Du beendetest gerade einen Lehrvortrag mit den Worten. ‚Denkt dran. Denkt dran, eure Feinde zu segnen!'" Mit einem Seufzer der Erleichterung kommentierte ich: „Das war ein guter Traum."

Das Dogma der Liebe

Christliche Jüngerschaft bedeutet die Einladung Jesu, ihm auf dem schmalen Weg der sich aufopfernden Liebe zu folgen. Der Weg (also der Lebensstil) der Liebe war in der Botschaft Jesu nicht freigestellt oder nur ein Randthema. Tatsächlich bildet er den Kern seiner Lehre, derart zentral, dass wir ihn als Jesu „Dogma der Liebe" bezeichnen könnten. Im Umkehrschluss bedeutet ein Versagen in der Liebe die große Sünde und die Erzketzerei. Das, was die Botschaft Jesu, die Botschaft vom Reich Gottes, von allen anderen unterschied, war ein einfacher und unbedingter Befehl zu lieben – koste es, was es wolle, selbst bis hin zum Tod. Klar und deutlich legt er es dar. Gemäß Jesus musst du, um ins Reich Gottes zu gelangen:

- Gott lieben,
- deinen Bruder und deine Schwester lieben,
- deinen Nächsten lieben,
- deinen Feind lieben.

Der letzte Punkt ist die Krönung, denn er stellt den ultimativen Testfall der Treue zu Christus dar. Er beinhaltet beides: das, was Christus verlangte, und exakt das, was er selbst tat. Seine Lehre und sein Leben führten an ein einziges Ziel: das Kreuz, an dem er starb mit dem Gebet: „Vater, vergib ihnen." Rufen wir uns ins Gedächtnis, wie Jesus die Botschaft predigte.

Liebt eure Feinde

Ihr habt gehört, dass es im Gesetz von Mose heißt: „Wer jemand am Auge verletzt, soll selbst am Auge verletzt werden. Und wer anderen einen Zahn ausschlägt, soll selbst einen Zahn dafür einbüßen." Ich aber sage: Wehrt euch nicht, wenn euch jemand Böses tut! Wer euch auf die rechte Wange schlägt, dem haltet auch die andere hin. Wenn ihr vor Gericht erscheinen müsst und euer Hemd wird euch abgenommen, gebt euren Mantel noch dazu. Wenn jemand von euch verlangt, eine Meile weit mit ihm zu gehen, dann geht zwei Meilen mit ihm. Gebt denen, die euch bitten, und kehrt denen nicht den Rücken, die etwas von euch borgen wollen. Ihr habt gehört, dass es im Gesetz von Mose heißt: „Liebe deinen Nächsten" und hasse deinen Feind. Ich aber sage: Liebt eure Feinde! Betet für die, die euch verfolgen! So handelt ihr wie wahre Kinder eures Vaters im Himmel.

Denn er lässt die Sonne für Böse und Gute aufgehen und sendet Regen für die Gerechten wie für die Ungerechten. Wenn ihr nur die liebt, die euch auch lieben, was ist daran Besonderes? Das tun sogar die bestechlichen Steuerein-treiber. Wenn ihr nur zu euren Freunden freundlich seid, wodurch unterscheidet ihr euch dann von den anderen Menschen? Das tun sogar die, die Gott nicht kennen. Ihr sollt aber vollkommen sein, so wie euer Vater im Himmel vollkommen ist. (Mt. 5,38–48 NL)

Seinen ganzen ersten Brief hindurch betrachtet der Apostel Johannes die Liebe zum Bruder und zum Nächsten als das Maß, an dem ich ablesen kann, ob ich Gott liebe und ewiges Leben habe! Wenn ich vorgebe, Gott zu lieben und meinen (buchstäblichen und globalen) Nächsten hasse, dann nennt Johannes mich einen Lügner. Und der Apostel Paulus behaup-tet, dass wir selbst in Todesgefahr dem Beispiel Jesu folgen müssen, indem wir der Rache entsagen (Mt. 26,52–53; Röm. 12,17–21) und uns wie Schafe zum Schlachter begeben sollen (Jes. 53,7; Röm. 8,36), weil selbst der Tod keine Bedrohung für die Liebe Gottes darstellt.

Mein Feind als einer der Geringsten

Ich bringe die Feindesliebe deshalb im Zusammenhang mit dem „Jesus in den Geringsten sehen" zur Sprache, weil ich meine Feinde in Wirklichkeit als die am wenigsten Be-vorzugten in meinem Herzen behandle. Als „die anderen" bleiben sie bei mir außen vor, und in meiner Sphäre der Liebe erscheinen sie nur als Randnotiz. In der Gemeinde habe ich einen Am-wenigsten-Lieblingsbruder, in meiner Wohnstraße einen Am-wenigsten-Lieblingsnachbarn und einen HAUPT-Lieblingsfeind in der Welt als Ganzes. Wirklich! Ich weigere mich, meine Geringschätzung, meine Tendenz zum Hass zu leugnen, denn nur, wenn ich sie ehrlich in meinem Herzen als „Feinde" tituliere, kann ich schließlich den Befehl Jesu (jawohl: *Befehl!*) vernehmen, sie zu lieben, zu segnen und für sie zu beten. Warum verlangt er das von mir? Natürlich, da gibt es die mit der Bibel begründete Entgegnung: „Damit ich wie mein Vater im Himmel bin", der mich geliebt hat und der seinen Sohn gesandt hat, um für mich zu sterben, als ich noch sein Feind war (Röm. 5,10). Doch ich glaube, da ist noch mehr dran. Könnte es sein, dass unsere Feinde Gottes Diener sind, uns verordnet, um uns zu retten, zu heilen, uns in das Bild Christi umzugestalten?

Mein Feind als ein Diener Christi

Graham Cooke, ein prophetisch begabter Diener Gottes aus England, legte diesen Gedanken nahe, als er eine Geschichte von zwei „Feinden" erzählte, die ihm von Stadt zu Stadt gefolgt waren, um sich seinem Dienst entgegenzustellen. Sie verfolgten seine Reisepläne und schickten vorab Flugblätter an die Gemeinden, in denen er sprechen wollte, in denen sie vor Graham als falschem Propheten warnten und all die Fehler auflisteten, die er angeblich gemacht hatte. Sie tauchten in seinen Versammlungen auf, platzierten sich in der ersten Reihe und schrieben gewissenhaft mit, um so neue Munition gegen ihn zu sammeln. Diese selbsternannten Wachhunde christlicher Rechtgläubigkeit waren ein wahrer Stachel in Grahams Fleisch.

Ich hörte ihn die Geschichte erzählen und wie er einen Traum beschrieb, der seine Sicht dieser Sache veränderte. Er sah sich mit dem Herrn auf seinem Thron sitzen (Eph. 2,6), und ein großer Block aus wertvollem Stein wurde hereingebracht. Dann sah er, wie Hände sorgfältig eine wunderschöne Skulptur aus dem Stein herausmodellierten. Neugierig und ungeduldig fragte Graham den Herrn, wie sie den Vorgang vielleicht beschleunigen könnten, worauf der Herr entgegnete: „Es würde schneller gehen, wenn du sie ermutigst." Und tatsächlich: Als Graham anfing, die Bildhauer zu segnen, ging ihre Arbeit schneller und effektiver von der Hand. Bald stand er oben auf der Armlehne des großen Throns und feuerte die Künstler an. In der Zwischenzeit hatten eine Anzahl Engel den Thron umlagert, die sich vor unbändigem Lachen die Bäuche hielten. Als die Statue vollendet war, wies sie Grahams Züge auf, perfekt in das Bild Jesu hineingestaltet. Von der Schönheit überwältigt, weinte er. Doch was fanden die Engel so lustig daran? Es war der Umstand, dass Graham ausgerechnet genau die Männer segnete und anfeuerte, die ihm nachgestellt und ihm das Leben so schwer gemacht hatten. Bis zu dem Zeitpunkt war weder ihnen noch Graham bewusst, dass sie Gottes Diener waren, die seinen Charakter in etwas Wunderschönes, Christusähnliches verwandelten … *wenn Graham sie segnete.* Als Graham dann seine Frustration gegen Segnen tauschte, stellten die Männer ihre Mission umgehend ein!

In der Schuld unserer Schuldner

Als Teresa von Avila einmal über das Vaterunser sprach, kam sie an die Stelle: „Und vergib uns unsere Schuld, wie auch wir unseren Schuldnern vergeben." Sie ermahnt uns, uns an unfreiwilligen Prüfungen zu erfreuen (etwa an der Verfolgung durch unsere Feinde), weil sie unserem geistlichen Fortkommen weit förderlicher seien als Prüfungen, denen wir uns freiwillig unterziehen (Fasten, asketisches Leben). Im Blick auf die vervollkommnete Seele sagt sie:

Wenn jemand nicht sehr entschieden und bewusst vergibt, sobald sich die Gelegenheit dazu ergibt, und zwar nicht nur diese Nichtigkeiten, die von den Menschen Unrecht genannt werden, sondern auch wirkliches Unrecht, egal wie schwerwiegend, dann ist vom Beten jener Person nicht viel zu halten. Denn erlittenes Unrecht hat keine Auswirkungen auf eine Seele, die Gott in einem so erhabenen Gebet zu sich zieht, ebenso wenig kümmert es sie, ob sie angesehen ist oder nicht … hat sie doch schon selbst erfahren, wie gut es der Seele tut und welchen Fortschritt sie macht, wenn sie um Gottes willen leidet. Denn nur sehr selten gewährt Seine Majestät solch großartige Tröstungen, und dann nur jenen, die um seinetwillen viele Prüfungen willig ertrugen. Denn Kontemplative müssen schwere Prüfungen ertragen, und deshalb sucht sich der Herr Seelen mit großer Erfahrung.

Ein großes Unrecht oder eine schwere Prüfung mag ihnen im Augenblick gewisse Schwierigkeiten bereiten, aber sie werden diese kaum spüren, bis sich die Vernunft einschaltet, das Niveau anzuheben scheint und ihre Schwierigkeiten vertreibt, indem sie ihnen die Freude gewährt zu erkennen, wie Gott ihnen die Möglichkeit gibt, an einem einzigen Tag mehr bleibende Gunst und Gnade im Blick Seiner Majestät zu erwerben, als sie mithilfe von selbst gewählten Prüfungen in zehn Jahren bekommen könnten![1]

Die Rolle Gollums

Ich war sehr froh, diese Warnungen zu vernehmen, denn sie erzählten meine Prüfungen nach, die ich während meiner Zeit als Jugendmitarbeiter in den 1990ern durchlebte. Die Teenager in meiner Gruppe waren sehr leidenschaftlich auf authentisches Christsein aus. Unser Pastor gab uns sehr viel Freiraum, auch Fehler zu machen, was letztlich zu Wachstum und Frucht führte. Ich war keiner, der immer auf der sicheren Seite sein wollte, balancierte oft auf Messers Schneide. Auf jeden Fall, das können Sie sich sicher vorstellen, brachte nicht jeder in der alteingesessenen Gemeinde Geduld für eher fortschrittliche Dinge auf. Über eine Zeitspanne von zehn Jahren entwickelte sich mir ein „geliebter Feind", der sich über jede von mir präsentierte Idee oder Entscheidung zu ärgern schien. Regelmäßig unternahm er Anläufe, mich auf der Leiterschaftsebene auszubremsen. Wenn er sich durchsetzte, war ich verärgert, wenn es nicht klappte, ärgerte er sich. Manchmal waren unsere Auseinandersetzungen sehr hitzig, und unser Verhalten drohte die Leiterschaft oder gar die gesamte Gemeinde zu entzweien. Ich bezweifle, dass Gott viel Freude dabei empfand. Als wir schließlich über die weitere Amtszeit unseres Pastors aneinandergerieten, spitzte sich die Lage zu. Ein gemeinsamer Vertrauter ließ durchblicken, dass „Hass" kein zu starker Ausdruck sei, um die Gefühle meines Gegners mir gegenüber zu beschreiben. Ich meinerseits klagte ihn vor Gott an, ein „Judas" zu sein. Nur der Barmherzigkeit Gottes ist es zu verdanken, dass wir uns nicht alle beide endgültig vom geistlichen Dienst disqualifizierten.

Bei der Vorbereitung auf ein Versöhnungsgespräch unter Beteiligung eines Vermittlers rief mich Gott dazu auf, diesen Ältesten mit den Augen Jesu zu sehen. Ich versuchte es. Dabei erwartete ich, dass mir Gott einige verborgene Qualitäten dieses Mannes offenbaren würde, die mir mehr Respekt vor ihm ermöglichten … oder vielleicht auch einige Aspekte von Zerbruch, die in mir Mitleid erregen würden. Ich war auf eine Überraschung gefasst. Als ich mich innerlich unter dem Kreuz einfand, um zu beten, sah ich *Gollum*, eine Figur aus J. R. R. Tolkiens *Herr der Ringe*! Diese schaurige Vision meines Widersachers löste zugleich Mitleid und Abscheu in mir aus. Ich nahm nicht an, dass Gott meinen Feind in dieser Weise sah … Nein, Gott zeigte mir vielmehr, wie *ich* diesen Mann beurteilt hatte. Und er machte auch offenbar, wie der kaum unterdrückte Hass in meinem Herzen diesem Mann gegenüber, der doch auch mein Bruder war (Mt. 5,21–22), wie ein Fluch wirkte – ein Todesurteil. Mit dieser Schau kam eine Erinnerung – eine Rede aus Tolkiens *Die Gefährten*: die prophetische Warnung des Zauberers Gandalf an Frodo, als dieser sich Gollums Tod wünschte:

Verdient hat er ihn, und ob! Viele, die noch leben, haben den Tod verdient. Und manche, die sterben, hätten das Leben verdient. Kannst du es ihnen wiedergeben? Also sei auch nicht zu schnell fertig mit dem Todesurteil! Denn selbst die Weisesten können nicht sehen, wie alles ausgehen wird. Ich habe nicht viel Hoffnung, dass Gollum, bevor er stirbt, noch geheilt werden kann, doch eine geringe Aussicht besteht noch. Und sein Schicksal ist mit dem Schicksal des Ringes verknüpft. Mein Herz sagt mir, dass er, ob zum Guten oder zum Bösen, am Ende noch eine Rolle zu spielen hat; und dann könnte von Bilbos Mitleid das Schicksal vieler anderer abhängen – nicht zuletzt deines.[2]

Die Botschaft, die mich über Graham Cooke, Teresa von Avila und J. R. R. Tolkien erreichte, lautete, dass Gottes Ruf, barmherzig zu sein, den Feind zu segnen, ja, selbst zu *lieben*, nicht nur ihn betraf, sondern genauso mich. Mein Charakter und meine Bestimmung waren unauflöslich damit verknüpft. Meine Reaktion würde Gottes Plan, mich zu dem Mann zu formen, zu dem er mich geschaffen hat, entweder hindern oder fördern. In der Rückschau zeigte sich, dass genau das geschah. Niemand kann für diese Zeit mehr für sich in Anspruch nehmen, mein persönliches Wachstum gefördert zu haben, als mein geliebter Feind. Wenn ich jetzt zurückblicke, kann ich Christi Handschrift durch den erkennen, den ich einst verachtet habe. Ich wünschte, ich könnte ihm, ohne dabei sarkastisch zu wirken, danken, doch glücklicherweise kann er das jetzt aus himmlischer Perspektive erkennen. Er ist jetzt Teil meiner „Wolke von Zeugen". *Gott segne Sie in Ewigkeit, Sir!*

Dabei geht es nicht darum, die Sünden unserer Feinde zu rechtfertigen oder die Verletzungen, die sie verursacht haben, zu leugnen. Und doch segne ich sie nicht nur trotz ihres Fehlverhaltens. Ich erkenne ihren Platz in Gottes großem Erlösungsplan für mein Leben. Wenn ich meine Feinde liebe und segne, dann gehe ich den schmalen Weg der Liebe

Jesu. Wenn ich ihnen vergebe und für sie bete, dann fängt auch Gott an, mich von den Wunden, die sie mir zugefügt haben, zu heilen.

Wenn ich mich jedoch weigere und mich darauf verlege, meinen Feind zu entmenschlichen, dann schwäche ich mich nur selbst. Lassen Sie uns zur Veranschaulichung einmal von der persönlichen auf die globale Ebene wechseln. Wenn ich den ausländischen Kämpfer als ein wildes Tier ansehe, das abgeschlachtet werden darf, dann gebe ich mir selbst oder meiner Regierung die Erlaubnis, ihn als solches zu behandeln – und degradiere mich selbst zum Schlächter oder Raubtier. Wenn ich die Aufforderung Gottes, ihm die Rache zu überlassen, in den Wind schlage oder es unterlasse, den Weg des Friedensstifters zu gehen (das Böse mit Gutem zu überwinden), dann erlaube ich mir, in Grausamkeit gegenüber dem Grausamen zu schwelgen. Und dann ziehe ich vielleicht sogar die Möglichkeit und schließlich die Notwendigkeit „sanfter Folter" in Erwägung – alles im Dienst der höheren Sache. Schließlich werde ich derartige Kreuzzüge sogar dem Willen Gottes zuschreiben.

Stellt dieses Szenario nicht einen erneuten Betrug am Friedensfürsten dar? Wer sind die Söhne und Töchter des Reiches als allein die Friedensstifter, die Vergebenden, die Versöhner? Das Verlassen dieses Weges der Liebe Gottes erscheint mir, als würden wir das Kreuz abtun und den Weg des Lebens verwerfen. Und das nimmt seinen Anfang, wenn wir Jesus nicht mehr in „den Geringsten" sehen – in diesem Fall in meinem Feind.

Während wir uns in unserer Familie mit Liebe und Hass inmitten einer Kultur auseinandersetzten, der die Gnade entzogen wurde (wie Miroslav Volf es nannte), erkannten wir die Wichtigkeit dessen, was wir als „Rückkehr an den Tisch, bereitet im Angesicht unsere Feinde" (Ps. 23) bezeichnen. Wir fragen uns selbst: „Wer sind meine Feinde? Warum sind sie am Tisch? Wann bin *ich* der Feind?"

Ich beschließe dieses Kapitel mit einigen Gedanken von meiner Frau Eden, die sich mit diesen Fragen beschäftigt hat. Was hat der Herr ihr gesagt? Und wie hat sie geantwortet?

***

Im Angesicht meiner Feinde

Auch dich lockt er fort aus dem Rachen der Not,
unbeengte Weite ist dein Platz – Behaglichkeit an einem
mit ausgesuchten Speisen gedeckten Tisch.

Hiob 36,16, nach NIV

Wieder einmal finde ich mich im Rachen der Not wieder. Aber dann höre ich Gottes Ruf, wie er mich lockt. Ich wende mich von meiner Not ab und folge dem Guten Hirten, zurück zu den weit offenen Räumen der Geborgenheit. Dort, in der Mitte der Freiheit, steht der Tisch. Ich setze mich, spüre noch die Wunden, die mir der Rachen der Not zugefügt hat, und überschaue den Tisch. Immer noch ist er übervoll mit all den wunderbaren Sachen, nur ist mir dort, wo ich gerade herkomme, der Appetit vergangen. Die Segnungen auf dem Tisch sind genau das, was ich brauche, doch bin ich nicht in der Lage, davon zu essen. Anscheinend kann ich genau die Dinge, die ich am meisten benötige, nicht zu mir nehmen. Dann sehe ich vom Tisch auf und erblicke meine Feinde, die vor mir stehen (Ps. 23,5). Normalerweise stellte ich mir, wenn ich diesen Abschnitt las, den Teufel vor, wie er da steht – und dann war es einfach, sich zu setzen und zu essen, denn mit ihm verband ich nur Schmerz und Leid. Es fiel mir nicht schwer, selbstgefällig dazusitzen und das Festmahl zu genießen, wenn der dort mit anwesende Feind ein „Übeltäter" war. Doch vor Kurzem fing ich an, dem Feind einen Namen und ein Gesicht zu geben. Das ist jetzt nicht mehr eine rotgesichtige, gehörnte, klumpfüßige Kreatur, sondern eine lebendige, atmende Person (oft jemand, den ich liebe). Und jetzt steht diese Person da und beobachtet mich bei meinem Festessen – und ich soll das genießen, in Gegenwart dieser Person?

Liebt eure Feinde. Segnet, die euch fluchen.

Ich habe eine Menge Fragen. Ich wurde an diesen Tisch gelockt, und dort ist mein Feind gegenwärtig, anscheinend mit Genehmigung. Ist er auch an den Tisch eingeladen worden? Soll ich etwa in Gegenwart dieses Menschen essen? Warum wurde ich in Anwesenheit dieser Person mit solch üppigen Segnungen geehrt? Und warum fällt es mir so viel schwerer, anzunehmen, während mein Feind dabeisteht? Jetzt, wo mein Feind Namen und Gesicht hat, ist alles anders. Eine konkrete Person steht anstelle meines Feindes, und trotz allem weiß ich, dass diese Person sowohl Gott als auch mich liebt. Das macht keinen Sinn. Der Feind sollte jemand sein, der mich hasst – und nicht jemand, der mich liebt!

Liebt eure Feinde. Segnet, die euch fluchen.

Der Grund, auf dem ich stehe, fängt an zu wanken, und ich bin mir meiner selbst nicht mehr sicher. Eine größere Frage schleicht sich bei mir ein, und ich bin nicht sicher, ob ich die Antwort wissen möchte. Wenn jemand, den ich liebe und der Gott liebt, anstelle des Feindes an meinem Tisch stehen kann, an wessen Tisch stehe ich dann anstelle des Feindes? Ist das denkbar? Könnte ich in jemandes Leben als Feind angesehen werden – nicht in einer bösartigen, teuflischen Weise, doch als jemand, der die um sich herum verletzen kann? Wenn ja, wo führt das hin?

Liebt eure Feinde. Segnet, die euch fluchen.

Warum wurde dieser Tisch im Angesicht meines Feindes gedeckt? Ich bin mir sicher, dass das nicht irgendein bösartiger Scherz von Gottes Seite ist, also: Worum geht es? Warum sollte der „Rachen der Not" zu meinem sicheren Ort hinzugebeten werden? Ich wurde doch gerade erst davon errettet. Was führt Gott im Schilde?

Liebt eure Feinde. Segnet, die euch fluchen.

Ich lasse den Blick wieder sinken und denke über die Segnungen nach, die Gott für mich auf diesem Tisch vorbereitet hat. Meine Fragen verstummen für einen Moment und ich richte mein Augenmerk auf den Guten Hirten an meiner Seite. Erbarmen scheint ihm zu entströmen, ich sehe es an seinen Augen, Erbarmen für mich, den, den er befreit hat, weil er Gefallen an mir fand (2. Sam. 22,20). Ich sehe Liebe, die über meine Dummheit hinwegsieht, dass ich mich wieder von jenem Rachen einholen ließ. Ich erkenne Gnade für jedwede andere Rolle, die ich vielleicht an jemandes Tisch einnehme. Und ich sehe die Gnade für mich, dass ich an diesen Tisch geladen werde und dass mir diese herrliche Tafel an Segnungen gegeben wurde ohne jeglichen Verdienst meinerseits.

Liebt eure Feinde. Segnet, die euch fluchen.

Dann dämmert mir ein Gedanke, und was er nahelegt, schockiert mich. Wie oft bin ich der Feind am Tisch Gottes gewesen? Wie oft habe ich dort voller Verachtung gestanden und ihn essen gesehen?

An der Tafel eines anderen als sein Feind zu stehen, damit kann ich umgehen – aber an Gottes eigenem Tisch? Scham und tiefe Traurigkeit stiegen in mir hoch, und ich wollte diesem Ort entfliehen. Ich wollte weglaufen, nicht zulassen, dass mein Feind mir zuschaut und diese Wahrheit erkennt. Aber dann schauen wir uns an, mein geliebter Feind und ich, ich sehe dieselbe Scham und Traurigkeit. Einer spiegelt das Herz des anderen wider. Dann trifft mich eine weitere Frage: Was, wenn ich mir an meinem Tisch selbst der Feind bin?

Liebt eure Feinde. Segnet, die euch fluchen.

Es stimmt. Ich habe auf beiden Plätzen an dieser herrlichen Segenstafel gesessen. Er hat mich zweimal eingeladen. Er wollte sicher sein, dass ich da bin und gesegnet würde. Kann ich diesen Feind lieben? Kann ich diesen Feind segnen? Kann ich Mitleid und Erbarmen, Gnade und Liebe teilen? Kann ich diesen Feind an meine Tafel laden? Kann ich meinen geliebten Feind einladen, an diesem Tisch Platz zu nehmen und gesegnet zu werden? Kann ich den, der mir flucht, segnen, den, der mich hasst, lieben? Meine Fragen warten auf Antwort … ein letztes Wort.

Liebt eure Feinde. Segnet, die euch fluchen.

26

Die Seligpreisungen: eine Landkarte für den schmalen Weg

Ron Dart[1]

Ron Dart ist ein geistlicher Vater, der mich auf so manche Wanderung auf den schmalen Pfaden der Cascade Mountains in North Washington mitgenommen hat. Während dieser Wanderungen hat er mich auch dazu aufgerufen, höher und tiefer ins Reich Gottes einzusteigen. Die Seligpreisungen Jesu stellen für ihn die maßgebliche Orientierung dar. An dieser Stelle übergebe ich an meinen Mentor.

Als er die Menschenmenge sah, stieg Jesus auf den Hügel, und als er sich gesetzt hatte, kamen seine Jünger zu ihm. Er öffnete seinen Mund und lehrte sie.
Das Göttliche Leben ist für jene, die den Forderungen des Egos gestorben sind. Solche Menschen werden das Reich Gottes bewohnen.
Das Göttliche Leben ist für jene, die durch Tragödien und Leiden gegangen sind. Solche Menschen werden tiefen Trost empfangen.
Das Göttliche Leben gilt denen, die ihre Leidenschaften um des Guten willen unter Kontrolle bringen. Solche Menschen werden die Erde besitzen.

Das Göttliche Leben ist für solche, die nach Gerechtigkeit hungern und dürsten. Diese Menschen werden völlig satt werden.

Das Göttliche Leben wird solchen angeboten, die gnädig und barmherzig sind. Solche Menschen werden gnädig und barmherzig behandelt werden.

Das Göttliche Leben wird denen angeboten, deren Heim innerlich sauber ist. Sie werden die Gegenwart Gottes kennen und sein Angesicht sehen.

Das Göttliche Leben gilt den Stiftern und Gestaltern des Friedens. Solche Menschen werden Kinder Gottes genannt werden.

Das Göttliche Leben ist bei jenen bekannt, die verfolgt werden, weil sie nach Gerechtigkeit suchen. Solche Menschen werden wissen, was es bedeutet, im Reich der Himmel zu leben.

Das Göttliche Leben kennen die, welche wegen ihrer Leidenschaft für Gerechtigkeit misshandelt und verkannt werden. Sie werden das Reich der Himmel besitzen. Die Propheten vergangener Tage wurden auf diese Weise behandelt.

Matthäus 5,1–12; übertragen von Ron Dart[2]

Ich beschäftigte mich mit der Bergpredigt. Es erschreckte mich, dass ich mich nicht erinnern konnte, dass in meiner Jugend in unserer Gemeinde je über dieses Manifest, die neue Gesellschaftsordnung Christi, gepredigt worden war. Ganz entfernt erinnerte ich mich, einmal gehört zu haben, dass sich die Bergpredigt nicht auf die Gegenwart anwenden ließe, dass sie auf die Zeit abziele, wenn wir alle mal in den Himmel eingegangen sein würden. Die Predigt zeigte mir, was Jesus mit dem Reich der Himmel meinte. Darin ruft Jesus die, welche ihm nachfolgen, auf, die Werte und Strukturen dieser Welt vollends zu untergraben, und eröffnet Möglichkeiten für eine neue Welt. Der Lebensweg, der in dieser Predigt umrissen wird, ist wahrhaft revolutionär, tiefgehender und wesentlich radikaler als bei allen revolutionären Bewegungen, die ich bislang kennengelernt hatte. Der Weg Jesu stürzt sämtliche Annahmen von „rechts", „links" und „Mitte" um und eröffnet eine völlig neue Möglichkeit sowohl für unser privates als auch für unser politisches Leben. Er ruft auf zu einem Leben für Gott, den Nächsten, den Armen und selbst für die Feinde.

Jim Wallis[3]

Der Ruf nach Gerechtigkeit

In unserer Zeit gibt es ein bleibendes Interesse an geistlichen Dingen, doch wenn dieses Interesse nicht zu einer Leidenschaft für Gerechtigkeit führt, dann wird daraus eine versteckte, subtile Form von Narzissmus. Es gibt heutzutage einen Hunger nach Gerechtigkeit, doch wenn dieses Verlangen nicht von einer an der Geschichte geschulten Geistlichkeit geprägt ist, kann aus dieser Leidenschaft für Gerechtigkeit leicht eine recht brüchige Form von Ideologie werden. Die Seligpreisungen – richtig gelesen und weise zu eigen gemacht – bieten uns Mittel und Wege, um an innerer Integrität zuzunehmen und unseren Glauben in gerechter und friedenstiftender Weise auszuleben.

Die Seligpreisungen beginnen mit einem Ruf, die mannigfachen Forderungen des Lebens im Tal zurückzulassen und zu den Gipfeln aufzusteigen, um ein tiefer gehendes, volleres Wort zu vernehmen. Wir sind aufgefordert, arm im Geist zu sein, uns nach innen zu kehren und die Dinge zu sehen, die wir loslassen müssen, Dinge, an die wir uns klammern und von denen wir befreit werden müssen. Nur wenn wir leer sind, können wir gefüllt werden. Tatsächlich sollen wir kommen und sterben, dem kleinen Samenkorn des Ichs erlauben, sich aufzulösen und zu verschwinden, um durch die einengende Außenhaut zu brechen, damit ein völligeres, reicheres, ein Auferstehungsleben entstehen kann. Je mehr wir es zulassen, von unseren eigenen Vorhaben und unangemessenen Vorstellungen von Identität entleert zu werden, desto mehr werden wir von einem Gefühl für unsere Verwandtschaft und Solidarität mit anderen erfüllt werden, aber zugleich wird uns bewusster werden, wie groß die Kluft ist zwischen dem, was wir sein wollen, und dem, was wir tatsächlich sind. Wenn uns unsere Armut bewusst wird, kommen wir auch dahinter, welch raffinierte Formen die Sünde in unserem Leben annehmen kann. In dieser

Spannung zwischen unserem Anspruch und der Wirklichkeit unseres Seins lernen wir, was es heißt, mit den Leidtragenden zu klagen. Je mehr wir es zulassen, selbst den Schmerz zu spüren, desto mehr werden wir bestrebt sein, etwas dagegen zu unternehmen. Der Wunsch, etwas gegen solche Leiden und Ungerechtigkeit zu unternehmen, führt uns zur wahren Bedeutung von Sanftmut. Tragischerweise wird Sanftmut in der Christenheit über weite Strecken missverstanden. Es bedeutet nicht, die Umstände passiv zu akzeptieren, Sanftmut beinhaltet viel mehr, unsere Leidenschaften zu disziplinieren und sie für das Gute unter Kontrolle zu bringen. Und der Hunger nach dem Guten führt zu einem unstillbaren Verlangen, Fragen zu stellen, Fragen nach dem „Warum" des Leidens.

Innenschau

Bei den ersten drei Seligpreisungen geht es um die Umgestaltung des inneren Lebens und somit um die wesentlichen Dinge, die wir angehen müssen, bevor wir uns auf die Bühne des äußerlich Wahrnehmbaren begeben. Wir sind eingeladen, arm zu sein, unser Ich loszulassen. Während wir diesen Weg gehen, wird uns die Gabe zuteil, ein Gefühl für die Ungerechtigkeit und die Leiden der Welt zu entwickeln. Je mehr wir uns zugestehen, mit dieser tieferen Form von Liebe gefüllt zu werden, mit der Fülle der überfließenden Gnade Gottes, umso mehr erlauben wir dieser Liebe, unsere Identität neu zu formen und unser Verlangen mehr in Richtung des Guten auszurichten; das bedeutet Sanftmut. Das inwendige Leben, nunmehr vorbereitet und passend gekleidet, ist dann bereit, in Geist und Wahrheit die Außenwelt zu betreten.

Außenschau

Nachdem Jesus Raum für Raum unseres inwendigen Lebens durchschritten hat, weist er uns nun den Weg in das nach außen gewandte Leben. Wenn wir gewillt sind, unserem Ich zu sterben, wenn wir wirklich eins sind mit dem Gott der Liebe (und damit dem Gott von Gerechtigkeit und Erbarmen), dann werden wir uns fragen, warum es Ungerechtigkeit in der Welt gibt und was dagegen getan werden kann. Jesus lässt keinen Zweifel darüber, dass das innere Leben zu einem Hunger und Durst nach Gerechtigkeit führen muss. Leider lautet unsere Übersetzung und Auslegung von „Gesegnet sind, die nach Gerechtigkeit hungern und dürsten" zumeist „Gesegnet sind, die nach Rechtschaffenheit hungern und dürsten", was die Bedeutung von Gerechtigkeit auf die persönliche, private Frömmigkeit reduziert. Diese Art von Ablass wird uns dieser Text nicht gewähren (genauso wenig, wie die alten Propheten es tun). Tatsächlich ruft uns Jesus auf, Sucher der Gerechtigkeit zu sein, des Gemeinwohls. Wenn die tiefer gehende Sicht dieses Textes auf ein privates, inneres Streben nach einem Leben in Heiligkeit und Integrität reduziert wird, dann bereinigen wir den Text und dämpfen seine Kraft und Fülle. Ein Interesse an Geistlichkeit, das einen Hunger und Durst nach Gerechtigkeit vermissen lässt, ist zugleich Beruhigungspille und Ablenkungsmanöver.

Gerechtigkeit fragt danach, warum es Armut gibt, warum es Ungerechtigkeit gibt, danach, wer die Mächtigen sind, die solche Übel aufrechterhalten, und was man dagegen tun kann. In der Tat gibt es eine moralische Richtschnur, an der Reiche, Nationen, Gemeinschaften und Einzelne gemessen werden können, und wenn wir diese kraftvolle moralische Vision verlieren, kann unsere fromme Reise in Gefühlsduselei abgleiten. Das Streben nach Gerechtigkeit muss immer durch die Sorge um Barmherzigkeit sein Gegengewicht erhalten.

Gesegnet sind die Barmherzigen. Solche, die nach Gerechtigkeit suchen, stellen oft ernste, schwierige Fragen und opfern viel, doch bisweilen mangelt es ihnen an Mitleid, Güte und Sanftmut. Wer hingegen nur die Saiten der Barmherzigkeit anschlägt, trägt häufig mit zur Ungerechtigkeit bei, indem er sich der Frage verweigert, warum die Armen arm sind. Jesus trennte Gerechtigkeit und Barmherzigkeit nie voneinander. Und wir sollten das auch nicht.

Diejenigen, die viel Zeit in den äußerlichen Bereichen von Gerechtigkeit und Barmherzigkeit verbracht haben, wissen nur zu gut um die Verletzungen und den Schaden, die dem Herzen zugefügt werden können. Verzweiflung und Zynismus können den Tag beherrschen, dunkle Wolken lagern sich um die Seele. Darum führt uns Jesus dann auf das innere Leben zurück. Gesegnet sind die, die ein reines Herz haben, denn sie werden Gott sehen. Das Leben kann schwierig sein, und es ist leicht, bitter, nachtragend und wütend zu werden, das Gift in sich anreichern zu lassen. Das Verlangen nach Gerechtigkeit kann uns ungerecht werden lassen. Der Bereich unseres Herzens ist oft der, in dem wir zur Reinheit umkehren müssen. Das griechische Wort für Reinheit meint „Reinigung, Katharsis“. Wenn wir Gott nicht wieder und wieder gestatten, die Schlacke vom Gold in unserem Herzen zu trennen, dann kann unsere Leidenschaft für Gerechtigkeit und Barmherzigkeit ausgehöhlt und unterwandert werden. Jesus lädt uns ein, die Festung unserer Seele zu betreten und zu säubern, was der Reinigung bedarf, aber es ist uns nicht gestattet, dort zu bleiben. Die Zugbrücke muss sich wieder senken und wir bekommen einen Stups, um den Burggraben zu überschreiten und wieder in die Welt einzutreten. Es ist uns nicht erlaubt, uns in irgendeinem frommen Ghetto zu verstecken oder anzunehmen, dass sich die schwierigen Nöte des Lebens schon schnell und zügig lösen werden. Weltflucht und Auftrumpfen ist den Seligpreisungen fremd.

Was ist ein Friedensstifter?

Gesegnet sind die Friedensstifter. Ein Friedensstifter ist jemand, der sich mitten in die Schlägerei begibt und versucht zu vermitteln. Martin Luther King jr. sagte einmal: „Frieden ist nicht die Abwesenheit von Spannungen; es ist die Anwesenheit von Gerechtigkeit." Also lassen sich Gerechtigkeit und Friedenstiften nicht trennen. Friedenstiften ist die aktive und bewusste Entscheidung, als Agent für Gerechtigkeit und Versöhnung zu fungieren. Dabei geht es nicht darum, einem Konflikt auszuweichen oder ihn zu verdrängen, nur um einer oberflächlichen Einheit willen. Ein Friedensstifter ist ein Brückenbauer zwischen kriegführenden Stämmen, und nicht selten wird ein Friedensstifter von beiden Clans und ihren Häuptlingen beschossen. Dennoch ist genau das die Berufung eines rechten Friedensstifters.

Jesus beschließt die Seligpreisungen, indem er klarmacht, dass die, welche Gerechtigkeit suchen, wie die alten Propheten behandelt werden würden. Die Seligpreisungen sind in einem höchst bedeutenden Sinne das Destillat der jüdischen prophetischen Vision. Eine derartige Vision bringt eine tiefgehende Reise in die Zimmer unserer Seele zusammen mit dem Ruf, sich auf der Bühne des Lebens zu bewegen und dort friedenschaffende Menschen und Agenten der Gerechtigkeit zu sein. Diese prophetische Vision stellt den ethischen Kern und das Zentrum des christlichen Glaubens dar. Wenn wir den Text dieser Magna Charta des Glaubens ignorieren, zähmen, bereinigen und zensieren, dann wird unser inneres und äußeres Leben die Fülle und den Reichtum eines reifen Glaubens vermissen lassen.

Wie es für den Vogel völlig natürlich ist, die Flügel auszubreiten und sich in den blauen Himmel aufzuschwingen, wie ein Apfelbaum ganz selbstverständlich Äpfel trägt, so können auch wir in unserem neuen Leben in Christus nicht anders, als die Seligpreisungen auszuleben. Unser ganzes Sein wird in dieses neue Leben umgestaltet, diese tiefere Umkehr, und diese umfassendere Wiedergeburt ist eine feine Mischung aus Gottes einladender Gnade und unserer Empfänglichkeit für solche Liebeserweise. In Christus wird unser neues Wesen endlich erkannt, und in den Seligpreisungen ist der Duft eines solchen Wesens von den Sinnen der Seele herauszuspüren und aufzunehmen.

Als Jesus mit den Seligpreisungen und der Bergpredigt geendet hatte, mussten die Jünger wieder von dem Berg hinabsteigen, neu ausgerichtet und tiefer belehrt, um dann das neue Leben auszuleben und das umgestaltete Leben mit anderen zu teilen. In der Guten Botschaft geht es um die Befreiung von vielerlei Dämonen (und von dem Ego), ebenso wie um die Befreiung von den Bindungen der Ungerechtigkeit. Wenn diese Gute Botschaft in Gedanken, Worten und Taten Gestalt gewinnt, dann wird die prophetische Botschaft der Seligpreisungen Wurzeln schlagen und mit der Zeit überreichlich Frucht tragen.

Das Leinentuch kommt wieder herab

Brad Jersak

Auf einer Reise nach Wales konnte ich viele der in diesem Buch geäußerten Gedanken einer sehr lieben Gemeinde in Llanelli mitteilen. Insbesondere konnte ich ihnen Zeugnis geben, dass sie ihren Glauben bereits mit den offenen Augen Jesu lebten, mit einem für alle offenen Tisch und auf dem schmalen Weg. Ihre Leidenschaft für Anbetung und Gerechtigkeit bewegten mich tief.

Nach der Abschlussveranstaltung sprach mich jemand von ihnen folgendermaßen an:

„Als ich dir zuhörte, wie du über Christus sprachst, wie er seinen Tempel und seinen Tisch öffnete, spürte ich Besorgnis in mir aufsteigen. Deine radikale Einladung zur Öffnung beunruhigte mich. Ich erhob Einspruch: ‚Aber Herr, *du* hast doch dies und das in deinem Wort gesagt!‘

Dann kam mir die Vision des Petrus aus Apostelgeschichte 11 in den Sinn. Ich erinnerte mich, wie Petrus ein großes Leinentuch vom Himmel herunterkommen sah, angefüllt mit unreinen Dingen. Als der Herr ihm sagte: ‚Nimm und iss‘, war Petrus schockiert. ‚Nein, Herr‘, entgegnete er, ‚niemals

werde ich etwas Unreines essen!' Er *wusste*, was das Gesetz
– Gottes Gesetz – über diese Dinge sagte. Er war sich sicher
zu wissen, wie Gottes letztes Wort in dieser Angelegenheit
lautete. [Kommt das bekannt vor?] Und Gott wies Petrus zurecht: ,Nenne du nicht unrein, was ich für rein erklärt habe!'
Genau in dem Moment klopften einige ,unreine' Heiden an
seine Tür. Petrus hatte die Botschaft verstanden.

Ich empfand, dass Gott zu mir sagte: Wie zur Zeit von Petrus
mache ich etwas Neues – das Leinentuch und die offene Tür
für die Heiden. Es ist nicht so, dass mein Wort nicht an erster
Stelle stünde, doch dies ist eine neue Zeit.

Das Leinentuch kommt wieder herab. Und du wirst so schockiert sein wie Petrus, denn du *bist* fromm und du *kennst*
mein Wort. Und nun sagst *du*: ,Aber Herr, *du* hast gesagt …'
Aber ich bin der Herr, und auch wenn ich mich nicht ändere,
behalte ich mir das Recht vor, dich zu ändern – dein Herz und
deine Augen –, deine Sicht für meine Pläne für diese Zeit zu
ändern."

Ganz ehrlich: Diese Botschaft erschreckte mich. Mir steht
nicht der Sinn danach, Dinge zu lehren, die der Schrift oder
gesunder Theologie entgegenstehen. Doch ich ahnte ihre
Bedeutung. Ich spürte, dass Petrus' Zögern, die Vision anzunehmen, in seiner hartnäckigen Vergesslichkeit wurzelte. Hatte
Jesus nicht schon alle Speisen für rein erklärt (Mk. 7,19)?
Und hatte er nicht wiederholt Heiden, Frauen und Kinder
an seinem Tisch willkommen geheißen? War der Geist zu
Pfingsten nicht schon „auf alles Fleisch" ausgegossen worden?
War das alles so schnell vergessen worden? Oder konnten sie
den Zusammenhang nicht erkennen? Und heute, wie sieht es
mit uns aus?

Gottes Erinnerungshilfe für Petrus fachte eine jeden Denk-
rahmen erschütternde Revolution in der Gemeinde an. Die
Folge war die Einbeziehung von Juden und Griechen, Männern

und Frauen, Sklaven und Freien (Gal. 3,28). Nachdem Petrus' Augen geöffnet worden waren, erinnerte sich die Gemeinde und sie reagierte. Sie begannen, Christus an Orten und in Menschen zu sehen, wo sie nicht mit ihm rechneten. Das ist der Geist, in dem Sie, so hoffe ich, die Grundaussage dieses Buches erwägen werden: *Erinnern Sie sich, zu sehen.*

Ich schließe, indem ich Ihnen eine Meditationsaufgabe stelle, die vielleicht Ihre Sehkraft schärft, um in jenen, denen Sie heute begegnen, Jesus zu sehen – besonders in jenen, die sozial am Rande stehen. Jetzt haben wir Gelegenheit, das „fleischgewordene Wort" zu sein … Jesus für die Geringsten.

Meditation zur Aktion

Das fleischgewordene Wort werden

1. Bitten Sie Gott, Ihnen jemanden in Erinnerung zu rufen, der, nach den Maßstäben dieser Welt, als „der Geringste" gilt. Bitten Sie Gott, Ihnen zu helfen, in diesem Menschen Jesus zu sehen. Was braucht Christus-in-diesem-Menschen? Bitten Sie um Augen, die unter die Oberfläche sehen können.

2. Wie kann Christus-in-Ihnen diesen Menschen lieben? Bieten Sie Christus Ihre Augen, Ohren, Ihren Mund, Ihre Hände und Füße an. Erbitten Sie sein Herz für diesen Menschen. Wie möchte er, dass Sie Christus für ihn sind? Hier wandelt sich die Meditation in Aktion.

3. Wenn Sie sich zu diesem Menschen ausstrecken, wie offenbart sich Christus Ihnen dann durch ihn? Wird Ihr Herz in dieser Begegnung berührt oder verändert? Liebt er Sie durch diese Person? Welche Erfahrungen machen Sie dabei? Und erzählen Sie es doch einfach.

Anhang

Eine Gemeinschaftsübung
Öffne uns die Augen, Herr

Sprecher 1:

Öffne uns die Augen, Herr.

Alle:

Öffne uns die Augen. Wir möchten Jesus sehen.

Sprecher 1:

Seht, ich bin bei euch bis ans Ende der Zeiten.

Sprecher 2:

Ich sehe Christus in den Augen eines Freundes.

Ich sehe Christus in der zärtlichen Berührung einer runzligen Hand.

Ich sehe Christus in den Armen einer Mutter, die ihr Baby wiegt.

Alle:

Öffne uns die Ohren. Wir möchten Jesus hören.

Sprecher 1:

Seht, ich bin bei euch bis ans Ende der Zeiten.

Sprecher 2:

Ich höre Christus im Rufen des Hungrigen.

Ich höre Christus im Lied des Unterdrückten.

Ich höre Christus im Lob der Dankbaren.

Alle:

Öffne unsere Hände. Wir möchten Jesus helfen.

Sprecher 1:

Seht, ich bin bei euch bis ans Ende der Zeiten.

Sprecher 2:

Ich sehe Christus, wie er auf der Straße Suppe austeilt.

Ich sehe Christus, wie er Menschen in der Selbsthilfe anleitet.

Ich sehe Christus, wie er die Kranken und Behinderten pflegt.

Alle:

Öffne uns den Mund, Herr. Wir wollen von dir Zeugnis geben:

Wir sehen Christus in den Augen unseres Nächsten.

Wir hören Christus im Klang von Leid und Freude.

Wir sehen Christus, wie er in der Welt handelt.

Herr, du bist wahrhaftig auferstanden. Wir sind deine Zeugen.

Du bist heute in der Welt am Werk.

Du berufst immer noch Jünger, dir bei der Arbeit zu helfen.

Wir wollen deine Jünger sein.

Wir sind die Jünger Jesu Christi.

Sprecher 1:

Seht, ich bin bei euch bis ans Ende der Zeiten.

Francine Inslee in: *Year A Worship Resources*, hrsg. von Jane M. Gardner (Herald Publishing House: o. O., 2004) Mit freundlicher Genehmigung.

Danksagungen

Danke zu sagen fällt mir insofern nicht leicht, als ich nicht weiß, wo ich anfangen und aufhören soll. So bitte ich alle die um Entschuldigung, die ich vergessen oder nur in der Zusammenfassung erwähnt habe.

Dank an meine Familie (Eden und die Jungs) und an meine Gemeinde (Fresh Wind) für die Zeit, die ihr mir zum Schreiben gegeben habt, und für die geduldige Liebe zu mir.

Besonderen Dank an die Vier Säulen, die mich gemeinsam über das Reich Gottes belehren. Dank an die vielen Fürbitter (die Geheimen Sieben, die Gebetskette, die Bande, das *House of Prayer* und alle die Fürbitter im Hintergrund von Alaska über Winkler bis nach Wales). – Ich bin gut abgedeckt!

Dank an die, welche mir die Schätze in den Menschen mit Behinderungen gezeigt haben: John Ditchfield, Sue West, Chad Teigen. Chris Janzen, Sava, Andy und der *Circle of Friends*: Danke, dass ihr mich an euren Tisch eingeladen habt. Dank an die Mitarbeiter von Bethesda und MCC (meinem Hauskreis in Grant West), dass ihr eure Persönlichkeiten in mein Leben und meine Gemeinde eingebracht habt.

Danke an meine Mentoren (Ron Dart, Brian West, Eric McCooeye), meine Mitleiter (die Peggs, MacPhersons und die Dychs), meine *EA*-Freunde, ganz besonders Mike Stewart und Eric Janzen, und an Agora, die alles abwogen und mich darauf hinwiesen, wenn ich es mal übertrieb.

Dank an alle, die etwas zu diesem Buch beigetragen haben (siehe auch die nächste Seite), dass sie sich die Zeit genommen haben, ihre Geschichte aus erster Hand zu erzählen. Und auch Dank an alle die Helden, deren Geschichten ich in den Kapiteln verarbeiten durfte. Ich bin froh über die Erlaubnis, euer Leben öffentlich machen zu dürfen.

Danke an die Gemeinden, die sich um mich kümmern, wenn ich unterwegs bin. Besonders verbunden fühlen wir uns den Schwestergemeinden wie *The Gathering, Canopy, Seeds, WCV, Appleseed Lodge, New Life, Landsberg Vineyard, Antioch North and South* … und auch der Familie Gottes in Burma, Thailand und China.

Und schließlich danke ich jenen, die bei der Herstellung dieses Buches geholfen haben: Kevin Miller, der Schar der Korrekturleser, Grafiker (die Borcks), Matt Baker (der mich auf Eugene hinwies) und das Team von Friesen. Und ganz zum Schluss danke ich Eugene Peterson für sein wohlwollendes Vorwort – fühlt sich an wie der Segen des Vaters.

Mitarbeiter

Eugene Peterson ist emeritierter Professor für Spirituelle Theologie am *Regent College* in Vancouver, BC, Kanada. Bekannt wurde er zudem durch die von ihm bearbeitete Bibelausgabe *The Message*.

Andy MacPherson ist Pastor von *Fresh Wind* und arbeitet mit Behinderten in der *Bethesda Christian Association* und im *Circle of Friends*.

Ray Loewen ist Gründer und Direktor von *Build A Village*, eines Dienstes in Zusammenarbeit mit dem *Mennonite Central Committee* in Mittelamerika und im Nahen Osten. Zudem verkauft er in Altona, Kanada, Autos.

Marshall Rosenberg ist Gründer und Pädagogischer Direktor des *Center for Nonviolent Communication*. Er reist durch die Welt und vermittelt dabei in Konflikten und fördert den Frieden.

Henri Nouwen war ein holländischer Priester und Seelsorger der *L'Arche Daybreak*-Gemeinschaft in Toronto.

Irene Jersak lebt mit ihrem Mann Lloyd in Killarney, Kanada, wo sie Bradley und Rodney aufzogen.

Jenni Kornell arbeitet mit *Viva Network* daran, Kinderprostituierte aus dem Sex-Geschäft zu befreien und sie in Familien zu vermitteln, wo sie Heilung erfahren können.

Ella Rempel ist die Großmutter und Fürbitterin von Eden Jersak.

Darla Faulkner arbeitet für eine Nicht-Regierungsorganisation in Afrika, wo sie ein Heim für Kinder mit HIV/Aids leitet.

Brita Miko arbeitete mit der *Union Gospel Mission* und auf den Straßen von Vancouvers East Side unter Abhängigen und Prostituierten.

Eric Kuelker ist approbierter Klinischer Psychologe. Mit seiner Frau Heather und ihren drei Kindern gehören sie zu *Fresh Wind*.

Ron Dart lehrt Politische Wissenschaften und Religiöse Studien an der *UCFV* in Abbotsford, Kanada. Zudem ist er ein sehr produktiver Dichter und Schriftsteller in den Bereichen Spiritualität, Gerechtigkeit und Politik.

Anmerkungen

Vorwort

1 Sophie Jewett, *God's Troubadour, The Story of Saint Francis of Assisi* (New York: Thomas Y. Crowell, 1910), 10.

2 Regis J. Armstrong, William J. Short, J. A. Wayne Hellmann (Hrsg.), *Francis of Assisi: Early Documents* (New York: St. Bonaventure, The Franciscan Institute, St. Bonaventure University, 2002) 2 Celano 9.

3 *Major Life of St. Francis by St. Bonaventure*, I,6. ibid.

4 Franciscan Friars – Province of the Holy Spirit, *Francis and Nature*, http://www.franciscans.org.au/spirituality (eingesehen 25.1.2006).

Was ihr einem dieser Geringsten getan habt ...

1 http://www.vatican.va/holy_father/benedict_xvi/encyclicals/documents/hf_ben-xvi_enc_20051225_deus-caritas-est_ge.html (eingesehen 13.11.2008).

2 vgl. Dallas Willard, *The Divine Conspiracy* (San Francisco: Harper, 1999), 36ff.

3 Erzbischof Lazar Puhalo, „The Oil of Humanity: The Great Moral Imperative Restated", Clarion: Journal of Spirituality and Justice, Bd. 5, Nov. 2005 (Allerheiligen, Allerseelen), 5–8.

Herr Derherr

1 Dieser Bericht erschien zuerst in Marshall B. Rosenberg, *Nonviolent Communication: A Language of Life* (Encinatas: PuddleDancer Press, 2003), 193–195. Mit freundlicher Genehmigung.

2 Die Gewaltfreie Kommunikation (GFK) ist ein Prozess, der von Marshall Rosenberg entwickelt wurde. Er ermöglicht Menschen, so miteinander umzugehen, dass der Kommunikationsfluss zwischen ihnen verbessert wird. GFK kann sowohl beim Kommunizieren im Alltag als auch beim friedlichen Lösen von Konflikten im persönlichen, beruflichen oder politischen Bereich hilfreich sein. Sie versteht sich nicht als Technik, die andere Menschen zu einem bestimmten Handeln bewegen soll, sondern als Grundhaltung, bei der eine wertschätzende Beziehung im Vordergrund steht.

Jesus die Windeln wechseln

1 Global Catholic Network, *A Vocation of Service*, http://www.ewtn.com/ motherteresa/vocation.htm (eingesehen 25.1.2006).

2 Peter Reynolds, *Mother Teresa, Her Sisters, and Georgetown University: Serving Jesus in the Poor*, AD2000, Bd. 18, Nr. 5, Juni 2005, 10.

3 Mutter Teresa in einem Gespräch mit Edward Le Joly, 1977, http://www. go2nepal.com/mt.html (eingesehen 25.1.2006).

4 Johannes Paul II, *Sunday Angelus: On Mother Teresa*, Osservatore Romano, 10. Sept. 1997 (wöchentliche englische Ausgabe), 1.

5 *Mother Teresa. No Greater Love*, hrsg. von Becky Benenate und Joseph Durepos (Novato: New World Library, 1997) 89.

6 Mary Poplin, *No Humanitarian: A Portrait of Mother Teresa*, Commonweal, Bd. 124, 19. Dez. 1997, http://findarticles.com/p/articles/mi_m1252/ is_n22_v124/ai_20314571 (eingesehen 25.1.2006).

7 Mutter Teresa, Nobelpreisrede, Oslo, 11. Dez. 1979, http://gos.sbc.edu/ m/teresanobel.html (eingesehen 25.1.2006).

8 Mutter Teresa, *Letter to the People of Albania*, April 1997, http:// www.newalbaniangeneration.com/motherteresaletter/html (eingesehen 25.1.2006).

9 David James Duncan, *In Defence of Truth*, Synearth, http://news.synearth. net/2005/07/18 (eingesehen 25.1.2006).

10 Mutter Teresa, *Daily Prayer: Jesus My Patient, Moments by God-Serenity*, http://tbihome.org/gallery/beckyfromtexas/gallery4.html (eingesehen 2.2.2006).

Adam

1 Zuerst erschienen in Henri Nouwen, *Adam: God's Beloved* (Maryknoll: Orbis Books, 1997), 141–142. Mit freundlicher Genehmigung.

Eve

1 Noch vor Kurzem galten DIS (Dissoziative Identitätsstörung, früher Multiple-Persönlichkeitsstörung) als seltene und merkwürdige psychiatrische Besonderheiten, während man diese und andere dissoziative Störungen heute für relativ übliche Auswirkungen von schweren Traumata in der frühen Kindheit hält, die am häufigsten typisch nach extremem, wiederholtem körperlichen, sexuellen und/oder emotionalen Missbrauch auftreten. The Sidran Institute, „Dissociative Disorders", http://www.sidran.org/didbr. html (eingesehen 25.1.2006).

Did You Come Here To Play Jesus?

1 Übersetzt aus Harold J. Grimm (Hrsg.), *Martin Luther, Luther's Works* (Philadelphia: Fortress Press, 1957), Bd. 31, 371, 368.

Franziskus, der Heiler

1 aus Anonymus, „The Fioretti of St. Francis" *(St. Franziszi Blütengärtlein)*, http://www.paxetbonum.net (eingesehen am 25.1.2006).

Erlaube dem armen Mann, dich zu retten

1 Yushi Nomura (Hrsg.), *Desert Wisdom: Sayings from the Desert Fathers* (Maryknoll: Orbis Books, 2000), 101.

2 Benedicta Ward, *The Sayings of the Desert Fathers* (Collegeville, Cistercian Publications, 1987), 21–22.

Offener Tempel, offener Tisch

1 Steve Chalke, *The Lost Message of Jesus* (Grand Rapids: Zondervan, 2004), 105, 107.

2 Steve Chalke, ibid, 158.

Offene Arme, ein offenes Herz

1 Fjodor Michailowitsch Dostojewski, *Die Brüder Karamasow* (München: Winkler, 1988), Sechstes Buch, III: „Vom Gebet, von der Liebe und von der Berührung mit anderen Welten", 429.

2 Rowan Williams, *Where God Happens: Discovering Christ in One Another* (Boston: New Seeds, 2005), 24.

3 Miroslav Volf, *Exclusion and Embrace* (Nashville: Abingdon Press, 1996) 141–142.

4 Sören Kierkegaard, *Einübung im Christentum u.a.* (München: dtv, 1997, 2005), 59–60.

Enge Pforte, schmaler Weg

1 Frances Ridley Havergal, *My King or Daily Thoughts for the King's Children* (London: James Nisbet and Co., 1870), 37–39.

Die Feuerprobe – Interviews aus Burma

1 vgl. Andrew Klager, „The Centrality of Christ as Participation", Clarion: Journal of Spirituality and Justice, Bd. 6, März 2006 (Pfingsten), 29–33.

Christus: mein geliebter Feind

1 Teresa von Avila, *The Way of Perfection*, üs. u. hrsg. von E. Allison Peers, 1964; siehe http://franciscansfo.org/avila/wofP7.htm#36 (eingesehen 11.3.2006).

2 John Ronald Reuel Tolkien, *Der Herr der Ringe, Bd. 1: Die Gefährten* (Stuttgart: J. G. Cotta'sche Buchhandlung, 1972), 87f.

Die Seligpreisungen: eine Landkarte für den schmalen Weg

1 Dieser Beitrag erschien zuerst unter Ron Dart, „Justice and Spirituality: The Vision of the Beatitudes", Clarion: Journal of Spirituality and Justice, Juli 2004, siehe http://www.clarion-journal.ca/article.php?story=2004072 1070219326 (eingesehen 3.3.2006) Mit freundlicher Genehmigung.

2 Ron Dart, *The Beatitudes: When Mountain Meets Valleys* (Abbotsford; Fresh Wind Press, 2005).

3 Jim Wallis, *Revive Us Again: A Sojourner's Story* (Nashville: Abingdon Press, 1983) 74.

Weitere Bücher von Brad Jersak

Brad Jersak
Kannst du mich hören?
Auf Empfang sein, wenn Gott redet
Paperback, 250 Seiten, Best.-Nr. 147375

In Ihrer Buchhandlung oder direkt beim Verlag

Weitere Bücher von Brad Jersak

Brad Jersak
Kinder, könnt ihr mich hören?
gebunden, 21 x 21 cm, 64 Seiten, vierfarbig,
Best.-Nr. 147395

In Ihrer Buchhandlung oder direkt beim Verlag